Marion Eisenhofer-Kurz
Daniel Englisch
Oliver Gamm

Die besonders runde Stunde

Fertige Unterrichtsstunden mit Materialien

Sport 9/10

Cornelsen

Die Autorin und Autoren des Bandes

Marion Eisenhofer-Kurz war acht Jahre lang als Lehrerin an Grund- und Hauptschulen tätig. Seit September 2000 unterrichtet sie am Staatsinstitut für die Ausbildung von Fachlehrern in München. Sie bildet Fachlehrer in Sportdidaktik und Sportpraxis aus und berät sie in der Schulpraxis.

Daniel Englisch hat 2009 sein Sportstudium an der TU München abgeschlossen und unterrichtet nun als Fachlehrer für Sport und Wirtschaft. Im Bereich Leichtathletik hat er viele Jahre als Athlet und Trainer Erfahrungen gesammelt, u. a. am Olympiastützpunkt München.

Oliver Gamm ist Diplom-Sportlehrer und unterrichtet als Fachlehrer in den Fächern Sport und Wirtschaft an einer Mittelschule in München. Seit seinem Studium hat er für zahlreiche Vereine und Verbände als freiberuflicher Trainer in der Sportart Tischtennis gearbeitet.

Projektleitung: Franziska Wittwer, Berlin
Redaktion: Daniela Brunner, Korschenbroich
Umschlagkonzept: Julia Walch, Bad Soden
Umschlaggestaltung: LemmeDESIGN, Berlin
Grafik: Steffen Jähde, Sundhagen
Fotos: M. Eisenhofer-Kurz (Vom Federball zum Badminton, Soccerobics),
D. Englisch (Oberarmrolle am Barren), O. Gamm (Frisbee, Volleyball, Crossfit)
Layout/technische Umsetzung: krauß-verlagsservice, Niederschönenfeld

www.cornelsen.de

1. Auflage 2016

Druck: H. Heenemann, Berlin

ISBN 978-3-589-15024-3

PEFC
PEFC/04-31-1156

PEFC zertifiziert
Dieses Produkt stammt aus nachhaltig bewirtschafteten Wäldern und kontrollierten Quellen.

www.pefc.de

Inhaltsverzeichnis

Vorwort

Die vorliegende Materialsammlung *Die besonders runde Stunde Sport 9/10* enthält 15 fertig ausgearbeitete Stundenbilder für das Fach Sport. Auf abwechslungsreiche und motivierende Weise erleben die Schülerinnen und Schüler Sportstunden, die Freude an der Bewegung vermitteln, zu sportlichen Aktivitäten anregen und ihre motorischen und überfachlichen Kompetenzen erweitern.

Jede Stunde ist in sich „rund", d. h. Einstieg, Hauptteil und Ausklang der Stunde bauen aufeinander auf und ergänzen sich sinnvoll. Fachdidaktische und methodische Ansprüche wie Methodenvielfalt, selbstgesteuertes Lernen in offenen, schülerorientierten Lernformen, Differenzierung, Reflexion und Sicherung kommen in einem modernen, kompetenzorientierten Unterricht zum Tragen.

Des Weiteren bietet jede Stunde eine **inhaltliche** und/oder **methodische Besonderheit**. Diese Besonderheiten sind praxisnah erarbeitet, sodass sie sich problemlos im Unterricht umsetzen lassen und die motorischen, personalen und sozialen Kompetenzen der Schülerinnen und Schüler ganzheitlich fördern.

Die **Inhalte** der einzelnen Stunden orientieren sich an den Themen der Rahmenlehrpläne der Länder für die Klassen 9 und 10.

Der vorliegende Band enthält Stundenbilder für die Jahrgangsstufen 9 und 10 und wird durch zwei weitere Bände für die Jahrgangsstufen 5 und 6 sowie 7 und 8 ergänzt. Die Stundenbilder sind für +/– 60 Minuten (45–90) konzipiert und können ohne großen Vorbereitungsaufwand an die jeweilige Klasse angepasst und im Unterricht eingesetzt werden. Die Darstellung der Stunde ermöglicht einen schnellen und umfassenden Überblick. Hierbei werden für die Lehrkraft u. A. das **Besondere der Stunde**, Hinweise zur **Vorbereitung** und die benötigten **Materialien** hervorgehoben. Die Unterrichtsstunde selbst ist in die Phasen Einstieg, Aufwärmen, Hauptteil (mit Erarbeitung und Sicherung) und Ausklang eingeteilt. Zusätzlich finden Sie sämtliche Materialien (Bild- und Wortkarten, Aufbaupläne etc.) zu den Einheiten als Kopiervorlage im Heft.

Zusätzlich finden Sie für die **Stunde 11** „Soccerobics – Trainieren wie die Stars!" **Videos** zum Einsatz in Ihrem Unterricht. Um das Video abspielen zu können, gehen Sie auf unsere Webseite www.cornelsen.de. Geben Sie die **ISBN-Nummer** des Titels im **Suchfeld** ein und klicken Sie anschließend auf das im Fenster erscheinende Cover. Hier finden Sie im linken Navigationsbereich den Reiter **Download**, wo Sie das Video abrufen können.

In den Unterrichtsskizzen finden Sie folgende Abkürzungen:
L = Lehrerin/Lehrer
SuS = Schülerinnen und Schüler
S = Schülerin/Schüler

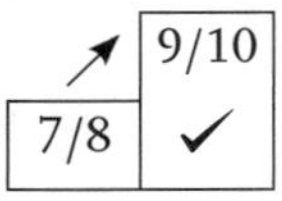

Diese UE (durch ✓ gekennzeichnet)
- baut auf einer Stunde aus der gleichen Jahrgangsstufe auf.
- **baut auf einer Stunde aus Band 7/8 auf.**

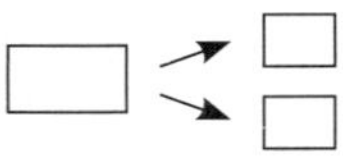

Diese UE kann, je nach Lernvoraussetzungen auf 2 UEs aufgeteilt werden.

STUNDE 1 Frisbee – Erlernt man schnell, kann man überall spielen und macht Spaß!

Sportart/ Handlungsfeld	Fair und kooperativ
Das Besondere	Die Schüler lernen eine Freizeit-Sportart kennen, die schnelle Lernerfolge ermöglicht und mit geringem Kostenaufwand überall spielbar ist. Diese Stunde ist für Sport im Freien geeignet bzw. auch mit geringer Schülerzahl in der Sporthalle möglich.
Vorbereitung	Material bereitstellen
Material	Frisbee-Scheiben in halber Schülerzahl, Torstangen, Hütchen
Sozialform	Plenum, Einzelarbeit, Partnerarbeit, Teamwettbewerb
Kompetenzbereich	• motorische Kompetenzen *(Werfen, Fangen)* • soziale Kompetenz *(Fairness)*

Stundenverlauf

Phase	Unterrichtsverlauf	Sozialform	Material
Einstieg Zielangabe Bedeutung des Lerninhalts	L: „Wir lernen heute die Trendsportart Frisbee kennen und erleben „Ultimate"-Frisbee als Mannschaftssportart und als tolles Spiel für die Freizeit!" Wozu Frisbee? Einfach erlernbar, kostengünstig, überall spielbar	Plenum	
allgemeines Erwärmen	**Erster Kontakt mit dem neuen Spielgerät** Die SuS bilden Paare und spielen sich mit dem Partner ein. Nach kurzer Einspielzeit erhalten die Paare einen Beobachtungsauftrag: „Wie müsst ihr die Scheibe greifen und werfen, damit sie zielgenau beim Partner ankommt?"	Partnerarbeit (Gasse)	Frisbee-Scheiben in halber Schülerzahl
Hauptteil Erarbeitung	**Gemeinsame Erarbeitung des Werfens** Die SuS teilen ihre gewonnenen Erkenntnisse mit. Gemeinsam werden die Knotenpunkte der richtigen Technik besprochen: • Der Daumen liegt auf der Scheibe auf. • Die restlichen Finger befinden sich am Innenrand der Unterseite. • Nach dem Abwurf zeigt die Wurfhand zum Wurfziel.   Die SuS üben beim Passen mit ihrem Partner die erarbeiteten Punkte des Werfens.	Plenum	Frisbee-Scheiben in halber Schülerzahl

Anwendung	**Schritt um Schritt** Die Paare stellen sich in einem Abstand von 5 m gegenüber auf. Seitlich sollte genug Abstand zum Nebenpaar sein. Wird nun die Scheibe erfolgreich zum Partner geworfen, darf der Fänger einen Schritt nach hinten gehen, um die Distanz zu vergrößern. Misslingt der Wurf, so muss der Fänger die Distanz um einen Schritt verkürzen.	Partner-arbeit (Gasse)	
Erarbeitung	**Gemeinsame Erarbeitung des Fangens** „Welche Formen des Fangens habt ihr angewendet?" Die SuS nennen und demonstrieren die Lösungen: • Sandwich-Catch (siehe Bild) • Einhändiges Fangen • Beidhändiges Fangen 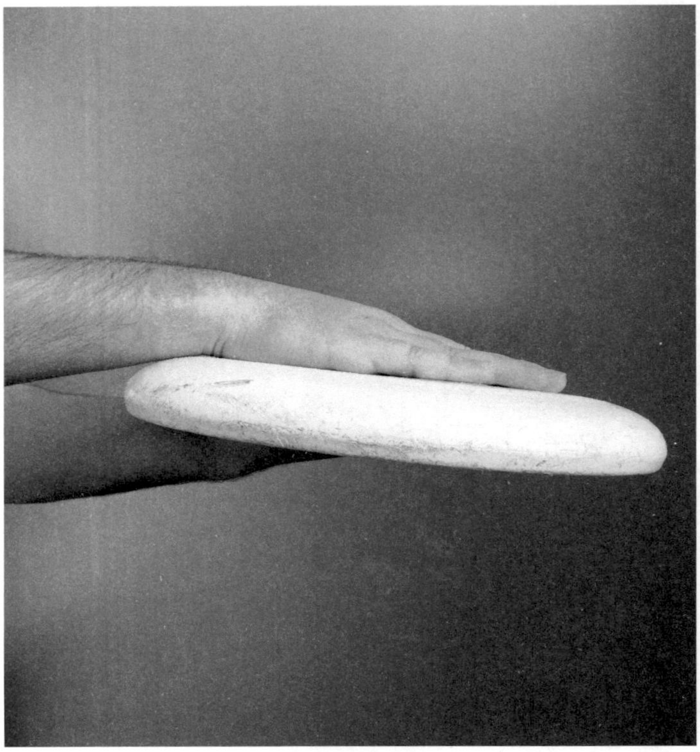	Plenum	
Anwendung	**Zielwurf-Staffel** Die SuS werden in 3–4 gleichstarke Teams eingeteilt, die sich wiederum in gleicher Anzahl gegenüber stehen. Aufgabe ist es, die Frisbee-Scheibe durch die aufgestellten Torstangen zu werfen. Der hinter den Torstangen stehende Partner fängt die Scheibe. Anschließend stellt sich der Werfer auf seiner Seite hinten an, der Fänger wird zum Werfer. Nach kurzer Eingewöhnungsphase wird diese Übung als Wettkampf gestaltet. Das Team, das als erstes 10 Würfe erfolgreich (durch die Stangen & gefangen) absolviert, gewinnt. *Variation:* • Abstand vergrößern • 20/30 Würfe	Teamwett-bewerb	1 Frisbee pro Team 4 Torstangen pro Team

Wurf

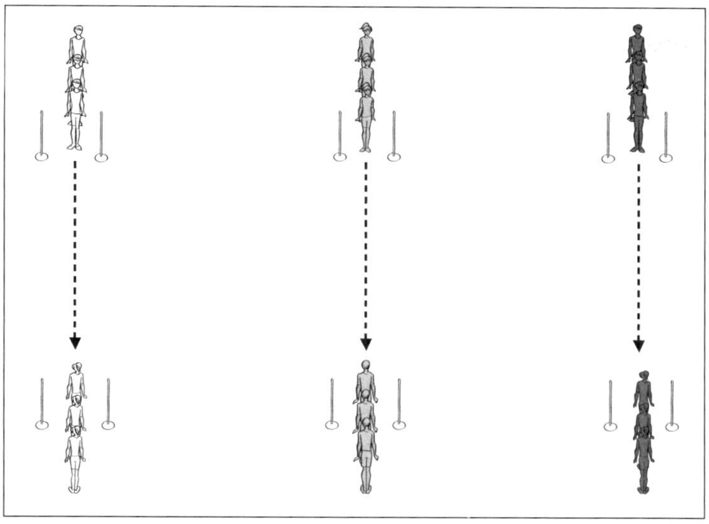

Nun läuft der Werfer der Scheibe nach und stellt sich auf der gegenüberliegenden Seite an.
Das Team, das als Erstes 10 Würfe erfolgreich (durch die Stangen & gefangen) absolviert, gewinnt.

Variation:
- Abstand vergrößern
- 20/30 Würfe

Wurf Lauf

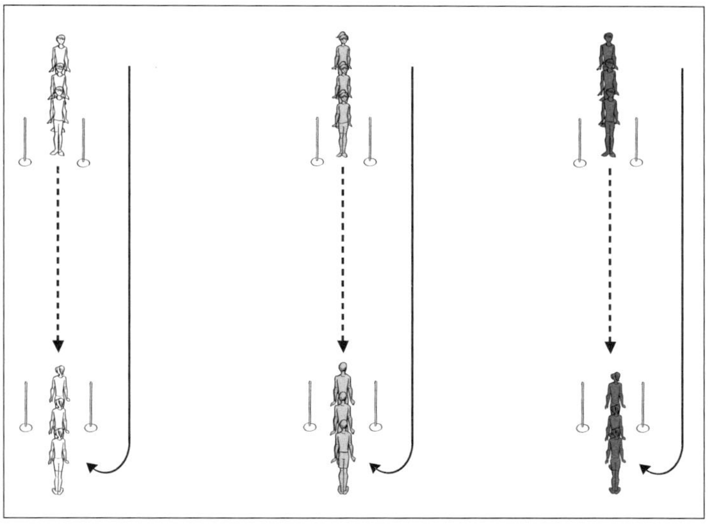

Anwendung	**Ultimate Frisbee** Die wichtigsten Grundregeln beim Ultimate Frisbee werden geklärt: • **Mit der Scheibe in der Hand darf nicht gelaufen werden** (nach dem Fangen der Scheibe möglichst schnell stehen bleiben/Sternschritt erlaubt!) • **Kein Körperkontakt** • **Fairplay:** Ultimate Frisbee wird immer ohne Schiedsrichter gespielt. Wenn möglich, sollte dies auch in dieser Unterrichtsstunde der Fall sein.	Mannschaftswettbewerb	1 Frisbee Hütchen

	Die Klasse wird in zwei Teams eingeteilt und ein Feld mit zwei Endzonen abgesteckt.  Zu Beginn des Spiels befinden sich die Spieler in ihrer eigenen Endzone. Das verteidigende Team beginnt das Spiel, indem es die Frisbee mit einem weiten Wurf ins Spiel bringt. Das gegnerische Team darf von dem Punkt aus, an dem die Scheibe liegen bleibt oder gefangen wird, seinen Angriff beginnen. Ein **Punkt** kann erzielt werden, indem die Scheibe in der gegnerischen Endzone gefangen wird. Das Zuspiel muss vom eigenen Mitspieler erfolgen. **Scheibenwechsel** erfolgt, wenn • die Scheibe den Boden berührt, • die Scheibe vom Gegner abgefangen wird, • die Scheibe ins Aus fliegt oder • bei Körperkontakt durch den Gegner.		
Ausklang Reflexion	Gemeinsam wird reflektiert, wie das Spiel ohne Schiedsrichter geklappt hat. • „Gab es Schwierigkeiten ohne Schiedsrichter? Wenn ja, welche hattet ihr? Wie können wir sie lösen?“ • „Wären auch andere Sportarten (z. B. Fußball) ohne Schiedsrichter denkbar?“	Plenum	

STUNDE 2 Flag-Football – Wir spielen ein Lieblingsspiel der Amerikaner!

Sportart/ Handlungsfeld	Fair und kooperativ
Das Besondere	Flag Football knüpft an viele bekannte Bewegungsmuster und spieltaktische Maßnahmen der großen Sportspiele an. Deshalb sind in der Regel bei allen Schülern schnell Erfolgserlebnisse zu verzeichnen. Das neue Spielgerät, der hohe Aufforderungscharakter des Balles und das „coole Image" einer männlichen, körperbetonten, amerikanischen Sportart schaffen eine hohe Motivation.
Vorbereitung	Material bereitstellen
Material	Laptop, 2 Jongliertücher (bzw. Mannschaftsbänder) pro S, 1 Handball, Footbälle in halber Schülerzahl, Leibchen, Pylonen, Wortkarten, Phasenbild
Sozialform	Plenum, Einzelarbeit, Gruppenarbeit, Mannschaftswettbewerb, Klasse
Kompetenzbereich	• motorische Kompetenzen *(Werfen, Fangen)* • soziale Kompetenz *(Teamfähigkeit, Kooperation)* • Lernkompetenz *(Problemlösefähigkeit)*

Stundenverlauf

Phase	Unterrichtsverlauf	Sozialform	Material
Einstieg Zielangabe	Der L zeigt ein Video vom Flag Football, z. B. auf Youtube. L: „Wir spielen heute Flag Football, eine Variante des American Football."	Plenum (Halbkreis)	Laptop
allgemeines Erwärmen	**Einstimmung auf die Spielidee des Flaggenziehens** Die SuS stecken sich jeweils seitlich an der Hüfte 1 Jongliertuch in die Hose. **Schwänze fangen** Die SuS versuchen während des Laufens, sich gegenseitig die Tücher aus der Hose zu ziehen. Sieger ist, wer nach Ablauf einer bestimmten Zeit die meisten Tücher besitzt. **Jailbreak** Die Läufer positionieren sich an der Stirnseite der Halle. Sie versuchen auf die andere Seite der Halle zu kommen. Der Fänger auf der Mittellinie versucht dies zu verhindern, indem er den Läufern ein Tuch aus der Hose zieht. Wer ein Tuch verliert, wird zum Fänger. Der Läufer darf seine Flagge nicht schützen. Hintereinander zu laufen ist erlaubt.	Klasse	pro S 2 Jongliertücher
spezielles Erwärmen selbstgesteuertes Lernen	**Vorbereitung auf das Werfen und Fangen des Footballs** Der L lässt 2 SuS einen Football hin- und herwerfen. L: „Worauf sollten wir uns gezielt vorbereiten?" → Mobilisieren der Hand- und Schultergelenke, Finger, weitere Schülervorschläge	Klasse (Kreis)	1 Football

Hauptteil Einführung der Begriffe „Interception“ und „Incomplete Pass“	**Parteiball** Mannschaft_A versucht, den Ball durch Werfen und Fangen in den eigenen Reihen zu halten. Mannschaft_B versucht, dies durch Ballabfangen (= Interception) oder Ballabklatschen (= Incomplete Pass) zu verhindern. Anfangs wird mit dem Handball (bekanntes Spielgerät) gespielt. Dieser wird im Laufe des Spiels gegen einen Football ausgetauscht. → Problem: Football geht oft verloren, schlechte Würfe sind schwer zu fangen. → Erkenntnis: Wir müssen das Werfen und Fangen mit dem Football üben, um spielfähig zu werden!	2 Mannschaften (bei höherer Spielerzahl 4 Mannschaften und Spiel auf 2 Feldern)	1 Handball, 1 Football, Leibchen Wortkarten
selbstgesteuertes Lernen	**Erlernen des Footballwurfes** Bewegungsaufgaben: L: „Wie musst du den Football werfen, damit er schnell und sicher fliegt und von deinem Mitspieler gut gefangen werden kann?“ „Wie erreichst du eine Rotation des Balles um die Längsachse?“	Plenum (Halbkreis)	
Differenzierung	Die SuS erproben die richtige Technik des Footballwurfes. Die Paare wählen den Abstand selbst. → L-/S-Demonstration: Schlagwurf mit Abklappen des Handgelenks	Partnerarbeit (Gasse)	pro Paar 1 Football
Erarbeitung	Die SuS ordnen und verbalisieren das vom L gezeigte Phasenbild und erarbeiten gemeinsam mit dem L die Knotenpunkte der Technik.	Plenum (Halbkreis)	Phasenbild
	Weiterführende Übungen: • Werfen des Balles aus der Hochhalte → zur Intensivierung des Handgelenkeinsatzes • Werfen aus dem einbeinigen Kniestand → zur Intensivierung der Oberkörperverwringung	Partnerarbeit (Gasse)	pro Paar 1 Football
	Das richtige Fangen Die SuS erarbeiten und demonstrieren gemeinsam das richtige Fangen: • Der Fänger bietet das Wurfziel dar (Handdreieck). • Fangen hoher Bälle: Daumen und Zeigefinger bilden einen Kreis, zeigen zueinander. • Fangen niedriger Bälle: Die Hände bilden eine Schaufel.		

Anwendung im Spiel	**Ultimate Football (Parteiball mit Endzone)** Ähnlich wie Parteiball, aber der Football muss in die Endzone des Gegners gepasst werden, wo er von einem Mitspieler gefangen werden kann (Touchdown). 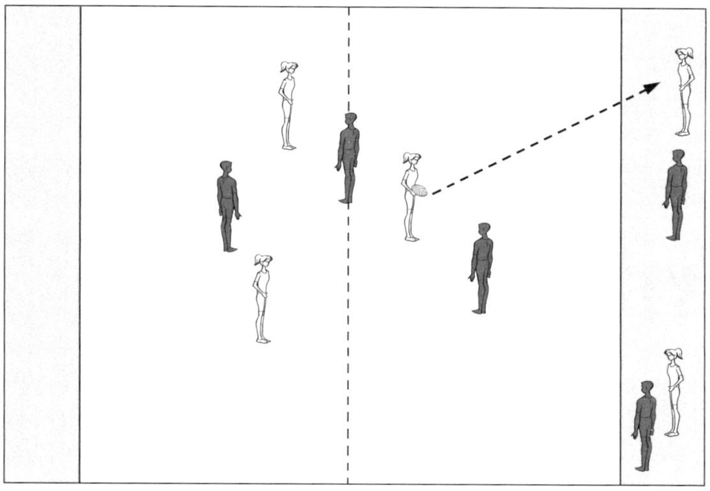	2 Mannschaften	Football, Pylonen, Leibchen
Einführung der Endzone Einführung des Begriffs: „Touchdown“			Wortkarte
Einführung des Raumgewinns Einführung Flaggen ziehen	**Forward Ultimate** Grundregeln Ultimate Football, mit folgenden Erweiterungen: • Der Football darf nur nach vorne geworfen werden (Raumgewinn). • Sollte der Ball auf den Boden fallen oder von der gegnerischen Mannschaft abgeklatscht (Incomplete Pass) oder abgefangen (Interception) werden, beginnt die gegnerische Mannschaft an ihrer Grundlinie (Endzonen-Linie). • Wenn ein Verteidiger einem Angreifer, der im Ballbesitz ist, eine Flagge zieht, wechselt der Ballbesitz.		pro S 2 Jongliertücher
Einführung der Begriffe „Center“ „Quaterback“ „Shotgun“ „Set – go!“	**Einführung von Center und Quaterback** Der L erklärt die Positionen Center und Quaterback und zeigt ggf. ein Video, z. B. auf Youtube. Der Center steht im Zentrum des Spielfelds und wirft dem hinter ihm stehenden Quaterback per „Shotgun“ den Ball zu, welcher mit dem Ruf „Set – go!“ den Angriff eröffnet. Center: Der Daumen liegt in Verlängerung der Naht, damit der hinter ihm stehende Quaterback den Football richtig in die Hand bekommt.		Laptop Wortkarten
	Üben des Ablaufs: Der Quaterback (S_A) fängt den Ball, läuft vor den Center (S_B) und wirft usw.	Partnerübung	Pylonen im Abstand von 3–4 m
Ausklang Reflexion Sicherung	Die SuS geben ein Feedback zur neu erlernten Sportart, ordnen das Phasenbild (Wurf) in der richtigen Reihenfolge und verbalisieren die Knotenpunkte der Technik. Abschlussworte im „Huddle“ (die SuS stehen im Innenstirnkreis und legen die Arme um die Schultern der Nachbarn), z. B.: „Wir sind ein Team!“	Plenum (Halbkreis) Huddle	Wortkarten, Phasenbild

Name: Klasse:

Kopiervorlage 1

Wortkarten

Interception

Incomplete Pass

Touchdown

Center

Name: Klasse:

Kopiervorlage 2

Wortkarten

Quaterback

Shotgun

„Set – go!“

Name: Klasse:

Kopiervorlage 3

Phasenbild

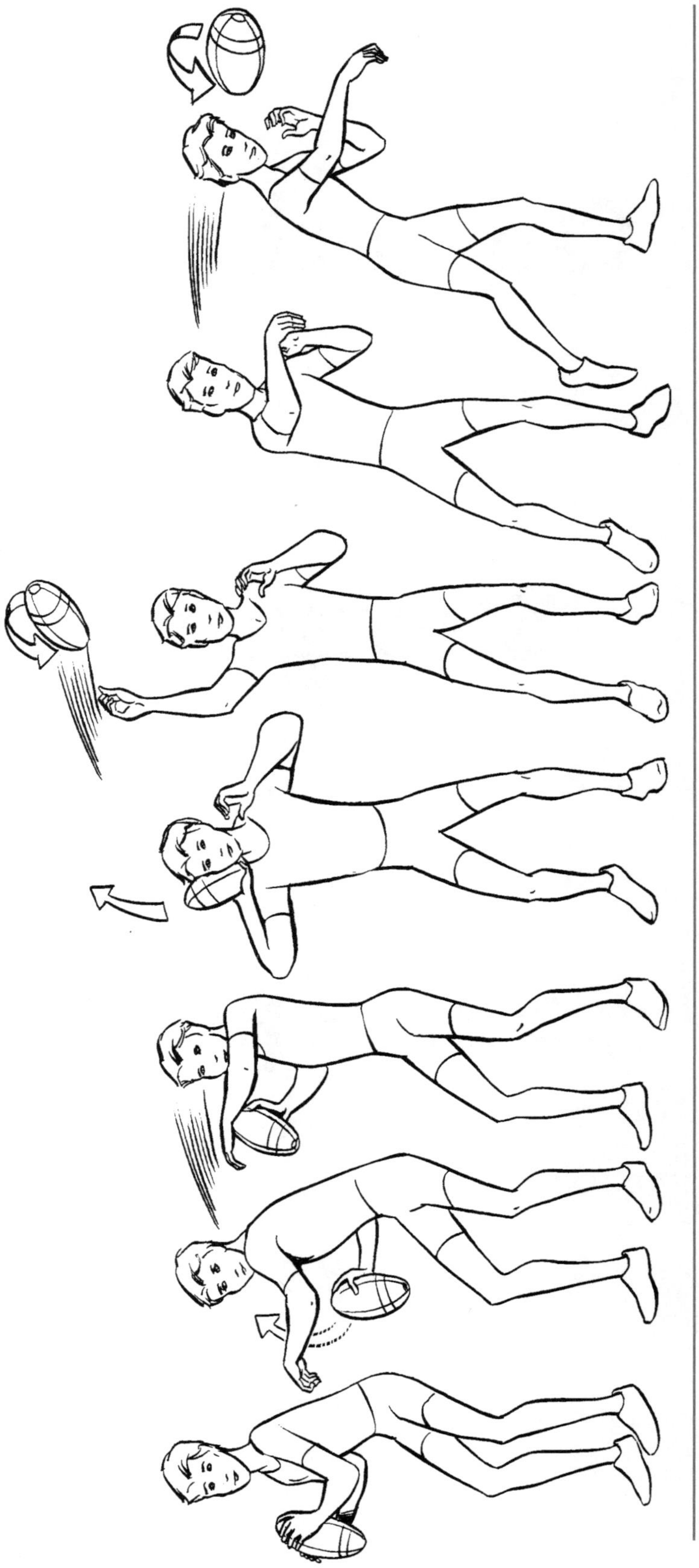

Cornelsen Illustration: Steffen Jähde

STUNDE 3 Vom Federball zum Badminton

Sportart/ Handlungsfeld	Fair und kooperativ
Das Besondere	Die SuS lernen ein leicht zu erlernendes Rückschlagspiel kennen, das sie auch in der Freizeit anwenden können.
Vorbereitung	Material bereitstellen
Material	Squash-, Tennis-, Tischtennis-, Badmintonball, Badmintonschläger und -bälle in Schülerzahl, Badmintonnetz bzw. Zauberschnur, Pfeife, Wortkarten, Klebeband, Musik, Blatt zu Geschwindigkeiten
Sozialform	Plenum, Einzelarbeit, Partnerarbeit, Mannschaftswettbewerb, Klasse
Kompetenzbereich	• motorische Kompetenz *(Rückschlagen)* • soziale Kompetenzen *(Teamfähigkeit, Kooperation)* • Lernkompetenz *(Problemlösefähigkeit)*

Stundenverlauf

Phase	Unterrichtsverlauf	Sozialform	Material
Einstieg Motivation Zielangabe	Den SuS werden 4 verschiedene Bälle (Squash-, Tennis-, Tischtennis-, Badmintonball) vorgelegt. Sie sollen die dazugehörigen Geschwindigkeitsrekorde, die die jeweiligen Bälle beim Schlagen erreichen können, zuordnen. Ergebnis: „Badminton ist die schnellste Rückspielsportart der Welt, der Ball erreicht im ersten Drittel des Schlages über 300 km/h!“ Wozu Badminton? Freizeitrelevanz, leicht erlernbar ...	Plenum	Squash-, Tennis-, Tischtennis-, Badmintonball, Blatt mit Geschwindigkeiten
allgemeines Erwärmen Differenzierung	**Ballgewöhnung** Die SuS schlagen den Ball aus der Hand mit dem Schläger nach oben in die Luft (Vorhand und Rückhand). Für Fortgeschrittene: • Hochschlagen mit ganzer Drehung • Hochschlagen abwechselnd mit rechter und linker Hand • Die SuS finden weitere Möglichkeiten. **Einspielen mit dem Partner** Die SuS spielen sich paarweise ein. Der L sichtet die Lernvoraussetzungen.	Einzelarbeit mit freier Aufstellung Partnerarbeit (Gasse)	pro S 1 Badmintonschläger und -ball
spezielles Erwärmen selbstgesteuertes Lernen	Der L lässt 2 SuS einen Ball hin- und herspielen. L: „Worauf sollten wir uns gezielt vorbereiten?“ → Mobilisieren des Fuß- und Schultergelenks, Dehnen der Wadenmuskulatur, Schülervorschläge	Klasse (Kreis)	
Hauptteil Erarbeitung	Die SuS bauen das Netz auf. Kurze Erläuterung des Unterschieds zwischen Federball und Badminton: • Netz • eingegrenztes Spielfeld • gegeneinander statt miteinander  falsch richtig Der L bzw. ein S zeigt die richtige Schlägerhaltung, die SuS erproben diese.	Plenum (Halbkreis)	Netz (oder Zauberschnur)

	Der L gibt einen Überblick über die 3 wichtigsten Schläge für Anfänger: • Überkopf • Vorhand • Rückhand		
	L-Demonstration des Überkopf-Clear Hinweis auf Knotenpunkte der Technik: • Der freie Arm zeigt zum Ball • Treffpunkt über Kopf  		Wortkarten
	Üben mit wechselnden Partnern: • Nur Überkopf mit Vorhand • Überkopfduell, so viele Ballkontakte wie möglich in 2 Minuten	Partner-arbeit (Gasse)	
	L-Demonstration des Vorhand-Unterhand-Clear Hinweis zur Beinarbeit: Sprung zurück in die Bereitschaftsstellung im zentralen Bereich (Split-Step)  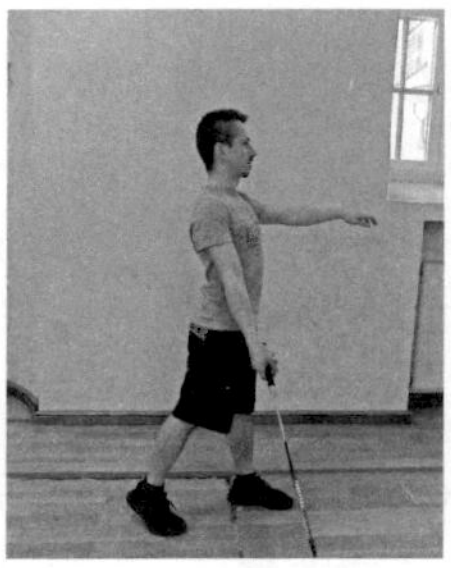 	Plenum (Halbkreis)	Wortkarte
Anwendung	Kombination der bereits erlernten Schlagtechniken: • S_A Überkopf, S_B Unterhandspiel → Wechsel • Überkopfspieler läuft immer zur Aufschlaglinie	Partner-arbeit (Gasse)	
	L-Demonstration des Rückhand-Unterhand-Clear Hinweis zur Beinarbeit: Sprung zurück in die Bereitschaftsstellung im zentralen Bereich (Split-Step)  	Plenum (Halbkreis)	Wortkarte

Anwendung Differen- zierung	Kombination der bereits erlernten Schlagtechniken im Doppel: • Nur Rückhand-Unterhandschlag • 1 Paar spielt cross (diagonal), das andere longline (geradlinig). • Für spielstarke Paare: Jedes Paar hat nur 1 Schläger: 1 S spielt Vorhand, 1 S Rückhand, der Schläger wird immer übergeben.	je 2 Paare	
Anwendung im Spiel	**Übungsspiel (Einzel)** Es wird bis 7 gespielt. Ein „Winner“ (erfolgreicher Angriffsschlag) zählt 2 Punkte. Zwei Auswechselspieler sitzen auf der Bank. Ist ein Spiel beendet (z. B. 7 : 4), nimmt der Verlierer auf der Bank Platz, der Einwechselspieler wechselt ein und übernimmt seine Punkte (hier: 4). Der Gegner (vorheriger Sieger) fängt wieder bei 0 an.	Einzel-wettbewerb	
	Kaiserturnier Es gibt halb so viele Felder wie Spieler, der Sieger geht einen Platz nach oben; der Verlierer einen Platz zurück. Der L gibt eine bestimmte Zeit oder zu erreichende Punktzahl vor, z. B. 3 Minuten oder bis 7 Punkte: Der erste Gewinner läuft zur Musik, drückt auf Pause und beendet den Durchgang. Nach jedem Durchgang wechselt die Aufgabe: • nur Überkopf-Spiel erlaubt • nur Vorhandschläge • nur Rückhandschläge • nur Unterhandschläge • nach jedem Schlag mit der freien Hand den Boden berühren • nach jedem Schlag eine ganze Drehung ausführen • nur Cross • nur Longline • mit der schwachen Hand (Nicht-Schlaghand) • Schülervorschläge	Wett-bewerb Klasse	Musik
Ausklang	**Rundlauf** Rundlauf ohne Ausscheiden. Jeder S zählt seine Punkte. Wer den Ball 3-mal hintereinander regelgerecht ins gegnerische Spielfeld gespielt hat, erhält einen Punkt. Wer erzielt die meisten Punkte?	Klasse	

Name: Klasse:

Kopiervorlage 1

Maximal erreichbare Geschwindigkeiten

fotolia/Thomas Siepmann

270 km/h

fotolia/Birgit Reitz-Hofmann

180 km/h

fotolia/C-You

249 km/h

fotolia/Ralf Geithe

300 km/h

Name: Klasse:

Kopiervorlage 2

Wortkarten

Überkopf

Zeige auf den Ball!

Treffpunkt über Kopf

Rückhand

Vorhand

STUNDE 4 Turniertag – Wir suchen die Allrounder der großen Sportspiele!

Sportart/ Handlungsfeld	Fair und kooperativ, Sportspiele
Das Besondere	Im Schulsport erlernte Sportspiele finden ihre Anwendung in einem (klassenübergreifenden) (Mixed-)Turnier, das sich (je nach Teilnehmerzahl) über mehrere Stunden oder einen halben bzw. ganzen Schultag erstrecken kann.
Vorbereitung	Material bereitstellen. Alle Bälle überprüfen und ggf. aufpumpen. Zielfelder auf der Weichbodenmatte mit Kreide markieren. Dieses Turnier ist für max. 20 SuS (4 Mannschaften) konzipiert, es kann beliebig erweitert werden.
Material	Leibchen, 4 Wahlzettel, 4 Stifte, Punktetabelle, Musik (ca. 130 bpm), Basket- und Volleybälle in Schülerzahl, 4 Handbälle, 4 Fußbälle, Volleyballnetz, 4 Turnmatten, 2 Tore, 2 Langbänke, 11 Hütchen, 16 Kegel, Stoppuhr, Kreide
Sozialform	Mannschaft, Plenum, Klasse
Kompetenzbereich	• motorische Kompetenzen *(Passen und Fangen, Zielwerfen, -schießen und -aufschlagen, Dribbeln)* • soziale Kompetenz *(Teamfähigkeit, Kooperation)* • kommunikative Kompetenz *(Hörverstehen, Absprachen)*

Turnierverlauf

Phase	Unterrichtsverlauf	Sozialform	Material
Organisation	Es werden 4 Mannschaften (mit je 4–5 SuS) gebildet. Die SuS erhalten Leibchen. Der L bespricht mit den SuS den Ablauf des Turniers: L: „Überlegt euch einen Mannschaftsnamen, bestimmt einen Mannschaftsführer und wählt eine ‚Top-Sportart' (von der ihr glaubt, dass ihr diese gut könnt und hier punkten werdet, die erzielten Punkte werden doppelt gezählt)." **Punktevergabe:** Pro Ballsportart werden 3 Wettkämpfe ausgetragen. In jedem Wettkampf werden Punkte verteilt: Die Siegermannschaft erhält 4 Punkte, die zweitplatzierte Mannschaft 3 Punkte, die dritte 2 Punkte, die vierte 1 Punkt. Bei grobem Regelverstoß und Nichtbeachtung des Doppelpfiffs (→ zusammenkommen, neue Runde) wird der Mannschaft ein Punkt abgezogen. Passive SuS sind Schiedsrichter. Vor den einzelnen Runden können die SuS im Rahmen einer Einspielzeit die Aufgaben üben.	Plenum (Sitzkreis) Mannschaft	Turnierplan Leibchen, Wahlzettel, Stifte
allgemeines Erwärmen	**BallKoRobics** (vgl. Soccerobics S. 53 ff.) Der L zeigt Übungen mit dem Ball im Rhythmus zur Musik, die SuS machen nach, z. B.: • Tipp mit rechtem/linkem Fußballen im Wechsel auf den Ball: am Platz, in der Vorwärts- und Rückwärtsbewegung, mit ganzer Rechtsdrehung um den Ball • Step-Touch mit Hochwerfen und Fangen • Step-Touch mit Prellen des Balles	Klasse (Schachbrett)	Musik 130–135 bpm
spezielles Erwärmen	Gezieltes Mobilisieren von Gelenken (Finger-, Schulter- und Sprunggelenke) und Dehnen von Muskeln (Hüftbeuger, Wadenmuskulatur)	Klasse (Innenstirnkreis)	

Turnier

Basketball

fotolia/Carl

1. Wettkampf: Freiwürfe *(Trefferanzahl)*
Jeder S hat 5 Freiwürfe. Die Treffer der Teammitglieder werden addiert.
Organisation: Um Zeit zu sparen und schwache SuS nicht bloßzustellen, spielen die Mannschaften gleichzeitig auf die vorhandenen Körbe.

Material: pro S 1 Basketball

2. Wettkampf: Korblegerstaffel *(3 Min.)*
Die Spieler einer Mannschaft stehen hintereinander am Hütchen mit entsprechendem Abstand zum Korb. Der vorderste Spieler führt einen Korbleger aus. Nach dem Korbwurf passt er den Ball zum nächsten S und stellt sich wieder hinten an. Die Treffer der Teammitglieder werden addiert.

Material: 1 Basketball pro Mannschaft, 2 Hütchen, Stoppuhr

3. Wettkampf: Streetball-Turnier *(bis 5 Treffer oder 5 Min.)*
Es spielen gegeneinander: M1 : M2 und M3 : M4

Fußball

fotolia/Carl

1. Wettkampf: Zielschießen
Jeder S darf 5-mal auf die Punktewand schießen. Die Punkte aller Spieler einer Mannschaft werden zusammengezählt.
Bei Feldüberschneidungen zählt die höhere Punktzahl.
Mögliche Differenzierung: geringerer Abstand für weibliche S

4	3	4
3	2	3
2	1	2

Material: Weichbodenmatte mit Zielfeldern; 1 Fußball pro Mannschaft, 2 Hütchen

2. Wettkampf: Basketballfußball *(bis 3 Tore oder 5 Min.)*
Alle SuS haben einen Basketball, mit dem sie ständig während des Spiels dribbeln müssen. Nur wer dribbelt, darf angreifen oder verteidigen. Zwei Turnmatten dienen als Tore. Es wird ohne Torwart gespielt (und je nach räumlichen Rahmenbedingungen ohne „aus").
Es spielen gegeneinander: M 1 : M3 und M2 : M4

Material: 1 Fußball, 2 blaue Turnmatten, pro S 1 Basketball

3. Wettkampf: Kegelfußball *(bis alle Kegeln umgeschossen)*
Jede Mannschaft verteidigt 2 Ecken (diagonal liegend), in denen je 4 Kegel stehen und versucht, die anderen Kegel umzuschießen. Es wird mit 2 Bällen gespielt.

Es spielen gegeneinander: M1 : M4 und M2 : M3
Sicherheit: Umgefallene Kegel werden von passiven SuS bzw. Helfern weggeräumt.

Material: 2 Fußbälle, 16 Kegel

Handball  fotolia/Carl	**1. Wettkampf: Zielwerfen** Jeder S hat 5 Würfe, um die Hütchen von der Langbank zu werfen. Wer alle Hütchen trifft, bekommt einen Extrapunkt (also maximal 6). Mögliche Differenzierung: geringerer Abstand für weibliche SuS 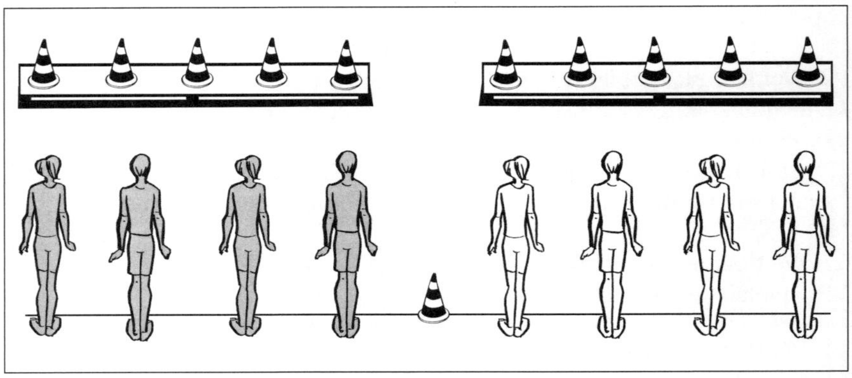	11 Hütchen, 2 Langbänke, 4 Handbälle
	2. Wettkampf: Parteiball-Rebounder *(bis 5 Punkte oder 5 Min.)* Für einen Punktgewinn muss der Ball während des Parteiballspiels an das Basketballbrett geworfen und gleich anschließend von einem Mannschaftskameraden gefangen werden. Es spielen gegeneinander: M1 : M2 und M3 : M4	1 Handball
	3. Wettkampf: Handball *(bis 5 Tore oder 5 Min.)* Gespielt wird nach den den SuS bekannten Handballregeln. Es spielen gegeneinander: M1 : M3 und M2 : M4	1 Handball, 2 Tore oder Turnmatten
Volleyball  fotolia/Carl	**1. Wettkampf: Technikkreis** Die Mannschaften bilden in je einer Hälfte einen Innenstirnkreis und spielen sich den Ball zu. Wie lange kann der Ball ohne Bodenkontakt in der Luft gehalten werden? *(max. 50 Kontakte)* Fehler bei: Doppelpass, Berührung der Hallendecke	pro Mannschaft 1 Volleyball, Volleyballnetz
	2. Wettkampf: Zielaufschläge Jeder Spieler macht 5 Aufschläge. Für jeden aufgeschlagenen Ball, der auf einer Turnmatte landet bzw. diese berührt, gibt es einen Punkt. 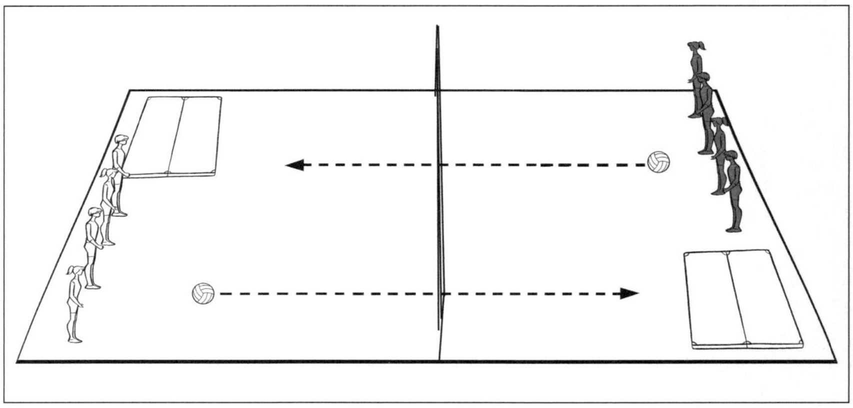	4 blaue Turnmatten, Volleybälle
	3. Wettkampf: Volleyballspiel *(bis 15 Punkte)* Gespielt wird nach den den SuS bekannten Volleyballregeln. Es spielen gegeneinander: M1 : M4 und M2 : M3	1 Volleyball
Abschluss	Die SuS räumen alle Spielgeräte auf. Alle Punkte werden addiert und die Siegermannschaft wird gekürt.	

Name: Klasse:

Kopiervorlage 1

Wahlzettel

Mannschafts-
nummer

(Mannschaftsname)

(Mannschaftsmitglieder)

Unsere Top-Sportart:

shutterstock/Venus Angel  Handball	fotolia/Alekss  Fußball	fotolia/BillionPhotos.com  Basketball	shutterstock/titov dmitry  Volleyball

Mannschafts-
nummer

(Mannschaftsname)

(Mannschaftsmitglieder)

Unsere Top-Sportart:

shutterstock/Venus Angel  Handball	fotolia/Alekss  Fußball	fotolia/BillionPhotos.com  Basketball	shutterstock/titov dmitry  Volleyball

Name: Klasse:

Kopiervorlage 2

Punktetabelle

	Basketball				Fußball			
	W1	W2	W3	Gesamt	W1	W2	W3	Gesamt
Mannschaft 1								
Mannschaft 2								
Mannschaft 3								
Mannschaft 4								

	Handball				Volleyball			
	W1	W2	W3	Gesamt	W1	W2	W3	Gesamt
Mannschaft 1								
Mannschaft 2								
Mannschaft 3								
Mannschaft 4								

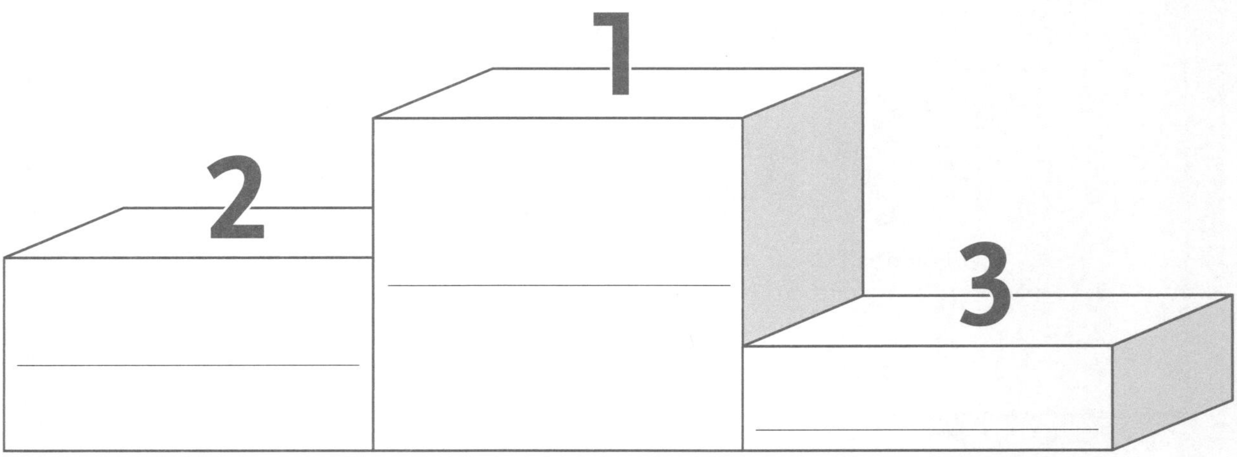

STUNDE 5 Der effektivste Weg zum Korberfolg – Trainiere den Korbleger!

Sportart/ Handlungsfeld	Basketball
Das Besondere	Die SuS wiederholen bzw. erproben zu Beginn die wichtigsten Bewegungsmerkmale des Korblegers theoretisch und praktisch. Dann wenden sie ihn in komplexen Spielformen mit Wettkampfcharakter an und verbessern ihn weiter.
Vorbereitung	Material bereitstellen
Material	Basketbälle in Schülerzahl, Laibchen in Schülerzahl pro Mannschaft, 1 Reifen, 20 Hütchen, Wortkarten
Sozialform	Plenum, Klasse, Mannschaftswettbewerb
Kompetenzbereich	• motorische Kompetenzen *(Dribbeln, Passen, Fangen, Werfen)* • soziale Kompetenzen *(Teamfähigkeit, Kooperation)*

Stundenverlauf

Phase	Unterrichtsverlauf	Sozialform	Material
Einstieg	L: „Welche Techniken muss ein guter Basketballspieler beherrschen, um einen Korberfolg zu erzielen?“ • Korbleger • Positionswurf L: „Worin besteht der Unterschied zwischen diesen beiden Korbwürfen?“ • Korbleger aus der Bewegung • Positionswurf aus dem Stand	Plenum (Kreis)	
Bedeutung des Lerninhalts Zielangabe	L: „Der Korbleger ist ein effektives und einfaches Mittel, um einen Korberfolg zu erzielen! Du überträgst die Geschwindigkeit aus dem Dribbling in deinen Absprung und gelangst so nah an den Korb heran.“ „Heute werdet ihr den Korbleger in Verbindung mit den anderen wichtigen Techniken trainieren.“ Der L pinnt die Wortkarte „Korbleger“ an die Wand.		Wortkarte
Wiederholung bzw. Erarbeitung	L: „Mit welchem Bein springst du ab und mit welchem Arm führst du den Korbleger aus?“ Die SuS nennen Lösungen: • von rechter Seite → Absprungbein links + Wurfarm rechts • von linker Seite → Absprungbein rechts + Wurfarm links Der L pinnt die Wortkarten „einbeiniger Absprung“ und „Korbwurf mit diagonalem Arm“ an die Wand.	Plenum (Kreis)	Wortkarten
allgemeines Erwärmen Übungsphase	**„1, 2 oder 3“ mit dem Basketball** Die SuS dribbeln mit dem Basketball frei im Spielfeld seitlich zu einem beliebigen Korb und führen einen Korbleger aus. Dabei erproben bzw. beachten sie die erarbeiteten Hinweise! Nach dem Korbleger dribbeln sie zum nächsten Korb. Nach einem Pfiff führen die SuS folgende Aufgaben aus: • 1-mal Pfeifen → stehen bleiben und Ball zwischen die Füße klemmen • 2-mal Pfeifen → Dribbling zum Mittelkreis, Ball zwischen die Füße klemmen • 3-mal Pfeifen → Dribbling zu einer Spielfeldecke, Ball zwischen die Füße klemmen	Einzelübung	Basketbälle in Schülerzahl

	Die SuS, die zuletzt die Aufgaben ausführen, müssen Zusatzübungen erfüllen (z. B. Liegestütze, Kniebeuge, Hockstrecksprünge) *Variationen:* • Vor dem Korbwurf erfolgt ein indirekter Pass gegen die Wand. • Vor dem Korbwurf erfolgt ein direkter Pass zu einem Mitspieler (Bälle tauschen).		
Wiederholung bzw. Erarbeitung	L: „Wie viele Schritte darfst du noch machen, nachdem du den Ball in die Hand genommen hast?“ → 2 Schritte Der L pinnt die Wortkarte „2-Schritt-Rhythmus“ an die Wand.	Plenum	Wortkarte
Übungsphase	Die SuS führen das Spiel fort und erproben bzw. beachten die erarbeiteten Hinweise.	Einzelübung	
Wiederholung bzw. Erarbeitung	L: „Der Korbleger wird oft indirekt (mit Brettberührung) durchgeführt. An welchem Punkt muss der Ball das Brett berühren, damit dieser in den Korb fällt? → obere Ecke des Rechtecks Der L pinnt die Wortkarte „Balltreffpunkt am Brett: obere Ecke des Rechtecks“ an die Wand.	Einzelarbeit	Wortkarte
Übungsphase	Die SuS führen das Spiel fort und erproben bzw. beachten die erarbeiteten Hinweise.	Einzelübung	
Hauptteil Anwenden des Korblegers, Dribblings, Passens und Fangens in komplexen Spielformen	**Korbleger-Teamwettkampf** Die SuS bilden 2 gleich starke Mannschaften – Rot und Blau. Jedem Team wird eine Spielfeldhälfte zugewiesen. In jeder Spielfeldhälfte stehen 10 Hütchen als Spielstandanzeige in einer Reihe. Zwischen den Hütchenreihen in der Spielfeldmitte liegt ein Reifen. Die Mannschaften stellen sich in ihrem Spielfeld auf der rechten Seite in Spielrichtung zum Korb auf. 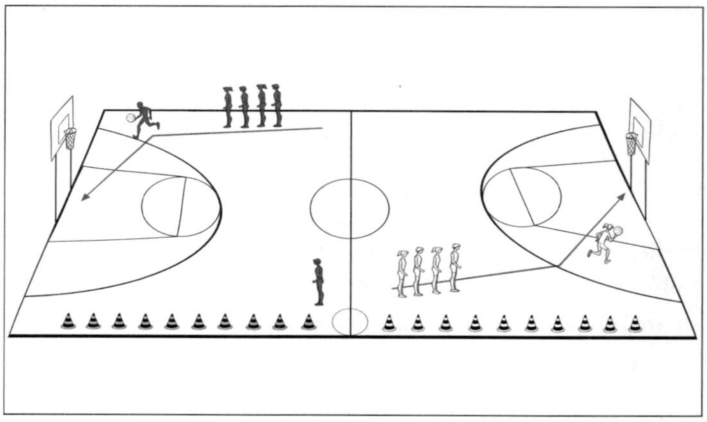 **Spielplan 1** Der Startläufer dribbelt zu seinem Korb und führt einen Korbleger aus. Anschließend dribbelt er wieder zurück und übergibt den Ball an den nächsten Spieler. Hat er einen Korberfolg erzielt, darf er den Reifen um ein Hütchen in Richtung seines Spielfeldes weiter legen. Erzielt ein Spieler der gegnerischen Mannschaft einen Korberfolg, so darf dieser den Reifen wieder um ein Hütchen in Richtung seines Spielfeldes legen. Folgende Regeln gelten:	Mannschaftswettbewerb	1 Basketball pro Mannschaft, 10 Hütchen pro Mannschaft, 1 Reifen, Leibchen in Schülerzahl, pro Mannschaft Reifen

	• Jedes Team hat einen Ball. • Bei Korberfolg darf der Reifen nur um ein Hütchen weiter gelegt werden. • Spielzeit: 3 min Es hat die Mannschaft gewonnen, auf deren Spielfeldhälfte nach Ende der Spielzeit der Reifen liegt. Nachfolgend führen die Mannschaften folgende Spielvarianten aus: • Die SuS entscheiden selbst, von welcher Seite sie den Korbleger ausführen (Reihenfolge innerhalb der Mannschaft bleibt gleich!) • Pass zu Mitspieler an der 3-Punkte-Linie → Pass zurück → Dribbling zum Korb → Korbleger (Spielplan 2) 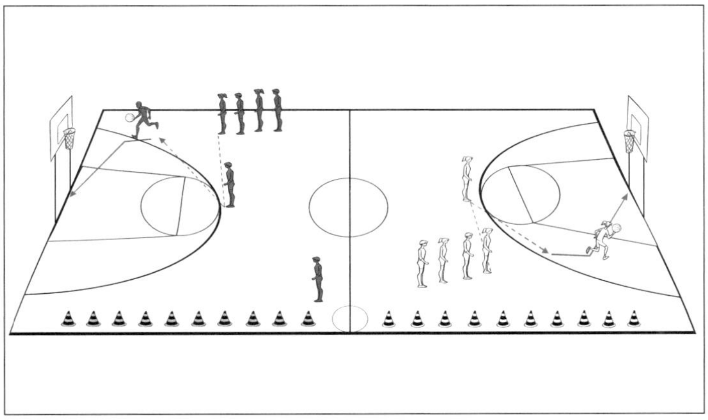 **Spielplan 2** • Dribbling → Pass zu Mitspieler an der 3-Punkte-Linie → Pass zurück → Dribbling zum Korb → Korbleger *Variationen:* • Spielzeit verlängern • Mehrere Bälle Kurze Zusammenfassung der technischen Knotenpunkte des Korblegers.		
Reflexion	**Streetball – 3 : 3 oder 4 : 4** Die Mannschaften teilen sich jeweils in 2 kleine Mannschaften auf, so dass 4 Teams entstehen (Rot$_A$, Rot$_B$, Blau$_A$, Blau$_B$). 2 Mannschaften spielen immer gegeneinander auf einen Korb in einer Spielfeldhälfte. • Rot$_A$ – Blau$_A$ bzw. Rot$_B$ – Blau$_B$ • Rot$_A$ – Blau$_B$ bzw. Rot$_B$ – Blau$_A$ Es gelten folgende Regeln: • Spielzeit: 5 min • Spielstart hinter der Drei-Punkte-Linie (Halbkreis) • Foul → Einwurf von der Seitenlinie • Wechsel des Ballbesitzes → Dribbling oder Passen hinter die Drei-Punkte-Linie und Start • Korberfolg durch einen Korbleger → 3 Punkte • Alle übrigen Korberfolge → 1 Punkt	Plenum Mann-schafts-wettbewerb	
Ausklang Reflexion	Die Siegermannschaft wird gekürt.	Plenum	

Name: Klasse:

Kopiervorlage

Wortkarten

Korbleger

einbeiniger Absprung

Korbwurf mit diagonalem Arm

2-Schritt-Rhythmus

Balltreffpunkt am Brett: obere Ecke des Rechtecks

STUNDE 6 Das Spiel gegen die Zeit – Die wichtigsten Zeitregeln im Basketball!

Sportart/ Handlungsfeld	Basketball
Das Besondere	Die SuS werden in kleinen Spielen sukzessiv an die Zeitregeln herangeführt. Dabei sind die SuS sowohl Spieler als auch Kampfrichter und kontrollieren bzw. korrigieren sich auf diese Art gegenseitig.
Vorbereitung	Material bereitstellen
Material	1 Basketball, Leibchen in Schülerzahl je Mannschaft, 8 Hütchen, Wortkarten, Bildkarten, Stoppuhr
Sozialform	Plenum, Mannschaftswettbewerb
Kompetenzbereich	• motorische Kompetenzen *(Dribbeln, Passen, Fangen, Werfen)* • soziale Kompetenzen *(Teamfähigkeit, Kooperation)*

Stundenverlauf

Phase	Unterrichtsverlauf	Sozialform	Material
Einstieg Hinführung Zielangabe	L: „Basketball ist ein sehr schneller, abwechslungsreicher Sport. Es geht schnell hin und her. Für diese hohe Spielgeschwindigkeit sorgen die Zeitregeln." Der L pinnt die Wortkarte „Zeitregeln" an die Wand. „Um bei einem Turnier antreten zu können, spielen wir heute nach diesen Regeln."	Plenum	 Wortkarte
allgemeines Erwärmen	**Zielzonenball** Die SuS bilden 2 gleich starke Mannschaften. Jede Mannschaft versucht, durch Zuspielen den Ball in die Zielzone zu befördern. Die Mannschaft erhält einen Punkt, wenn ein Spieler den Ball (durch Pass seines Mitspielers) innerhalb der Zielzone fängt. Folgende Regeln gelten: • Der Ball darf nicht aus der Hand geschlagen werden. • Dribbling ist erlaubt. • Es darf nicht mit dem Ball über die Zielzonenlinie gedribbelt werden. • Bei Regelverstoß → Wechsel des Ballbesitzes und Einwurf von der Seitenlinie 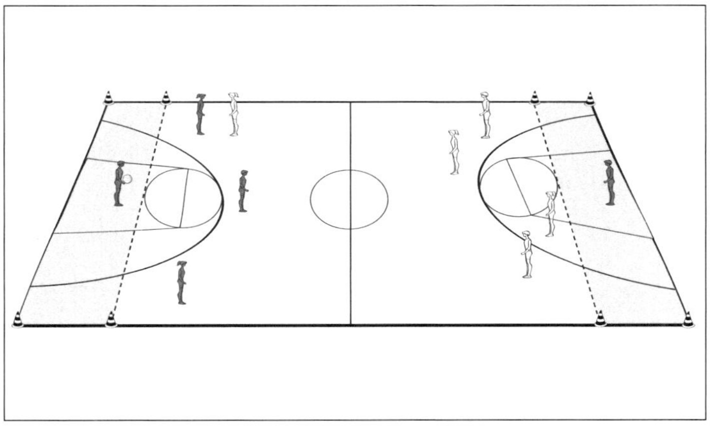 *Variation:* • Der ballführende Spieler darf den Ball max. 5 Sekunden halten.	Mannschaftswettbewerb	8 Hütchen, 1 Basketball, Leibchen in Schülerzahl je Mannschaft

Hauptteil Reflexion	Wenn möglich, greift der L folgende Spielsituation aus dem Spiel „Zielzonenball“ auf und reflektiert diese mit den SuS: Ein Spieler steht nur in der Zielzone und wartet auf das Zuspiel! L: „Das ist ein großer Vorteil für die angreifende Mannschaft, der ein Spiel entscheiden kann!“	Plenum	
Erarbeitung	**3-Sekunden-Regel** L: „Denkt an Fußball! In dieser Sportart kann ein Spieler auch nicht vor dem Tor parken!“ → Abseits-Regel! „Auch im Basketball gibt es eine Regel, die Ähnliches verhindern soll.“ Der L pinnt die Bildkarte „3 Sekunden-Regel“ an die Wand. → „Ein Spieler, dessen Mannschaft in Ballbesitz ist, darf nicht länger als 3 Sekunden in der gegnerischen Zone unter dem Korb verweilen. Nach Verlassen darf der Spieler wieder für 3 Sekunden die Zone betreten.“		Bildkarte
Anwendung	**Zonenball mit 3-Sekunden-Regel** Die SuS bilden 3 gleich starke Mannschaften. Es spielen immer 2 Mannschaften gegeneinander. Die Zielzone ist nun die Zone unter dem Korb. Die dritte Mannschaft teilt folgende Aufgaben unter sich auf: • 1 Schiedsrichter • 2–3 Kampfrichter zur Kontrolle der Sekunden-Regel • 1–2 Kampfrichter mit dem Spezialauftrag, die Zeit zu stoppen, welche die Mannschaften für ihre Angriffe benötigen. Spielmodus: Jeder gegen jeden Spielzeit: 3 min, dann Mannschaftswechsel 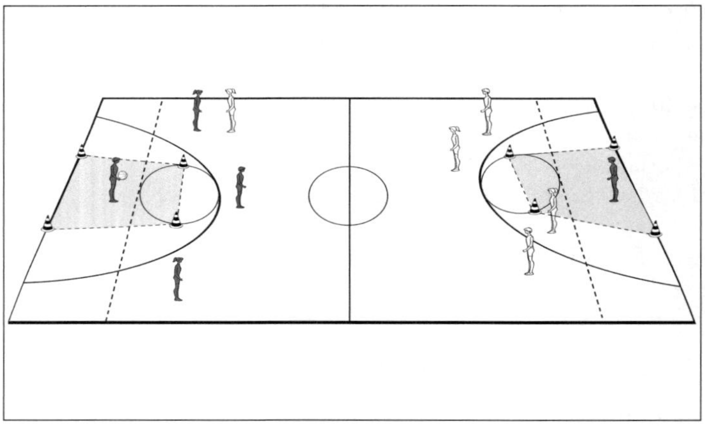	Mannschaftswettbewerb	8 Hütchen, 1 Basketball, Leibchen Stoppuhr
Reflexion	L: „Welche Schwierigkeiten sind in Bezug auf die Einhaltung der 3-Sekunden-Regel aufgetreten? Was könnt ihr besser machen?“	Plenum	

Erarbeitung	**24-Sekunden-Regel** L: „Einige Kampfrichter hatten die Aufgabe, die Zeit zu stoppen, welche die Mannschaften für ihre Angriffe benötigen. Welche Zeiten habt ihr gestoppt?“ Die SuS nennen die Zeiten. Der L pinnt die Bildkarte „24-Sekunden-Regel“ an die Wand. L: „Was meint diese Regel?“ → „Jede Mannschaft hat für einen Angriff genau 24 Sekunden Zeit, um diesen zum Abschluss zu bringen. Die Zeit startet mit dem Einwurf und endet mit dem Korberfolg oder der Ringberührung des Balles. Berührt der Ball den Ring, starten die 24 Sekunden neu.“		Bildkarte
Anwendung	**Zonenball mit Korbwurf** Das Spiel wird im gleichen Spielmodus fortgeführt. Folgende Regeln gelten: • 3-Sekunden-Regel und 24-Sekunden-Regel • Der Spieler, der den Ball in der Zone regelgerecht gefangen hat, darf auf den Korb werfen. • Der Korbwurf erfolgt ohne Gegnereinwirkung. • Die Abwehrspieler dürfen nicht die Zielzone betreten. • Fangen in der Zielzone = 1 Punkt • Korberfolg = 2 weitere Punkte	Mannschaftswettbewerb	8 Hütchen, 1 Basketball, Leibchen
Reflexion	L: „Welche Schwierigkeiten sind in Bezug auf die Sekunden-Regel aufgetreten? Was könnt ihr besser machen?“	Plenum	
Anwendung	**Basketball** Gemeinsam werden noch einmal schon bestehende Regeln im Basketball besprochen (z. B. Doppeldribbling, Sternschritt usw.). Im gleichen Spielmodus spielen die Mannschaften Basketball gegeneinander. Dabei gelten die bestehenden bzw. eingeführten Zeitregeln.	Mannschaftswettbewerb	Hütchen, 1 Basketball, Leibchen
Ausklang Reflexion	L: „Welche Schwierigkeiten sind in Bezug auf die Sekunden-Regeln aufgetreten?“ „Welche Probleme sind bei den Kampf- und Schiedsrichtern aufgetreten?“ „Was könnt ihr besser machen?“	Plenum	

Name: Klasse:

Kopiervorlage

Zeitregeln

3-Sekunden-Regel

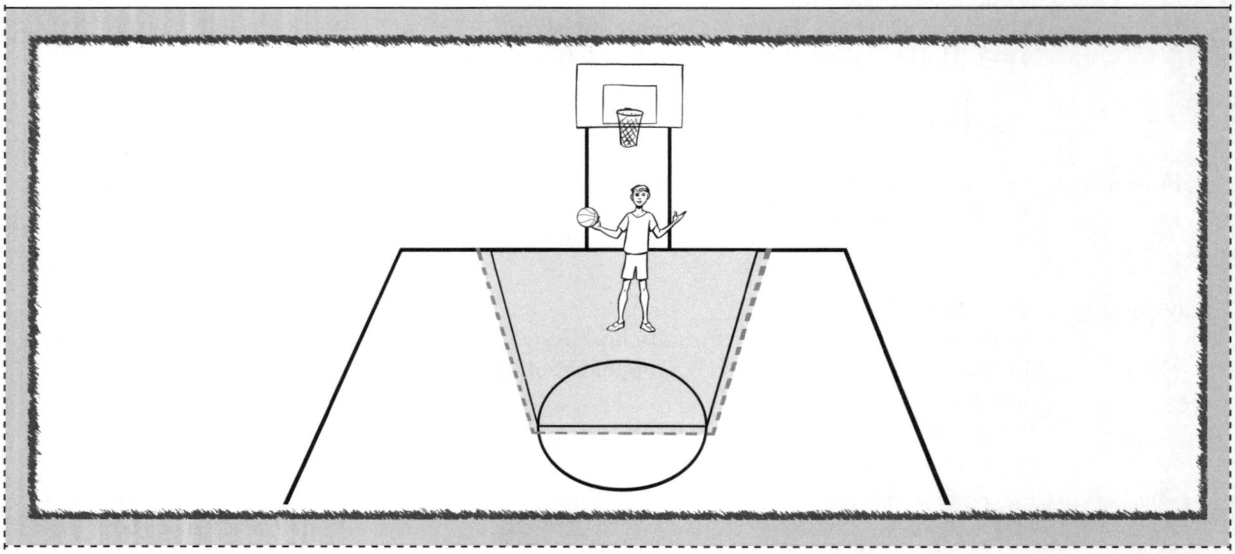

24-Sekunden-Regel

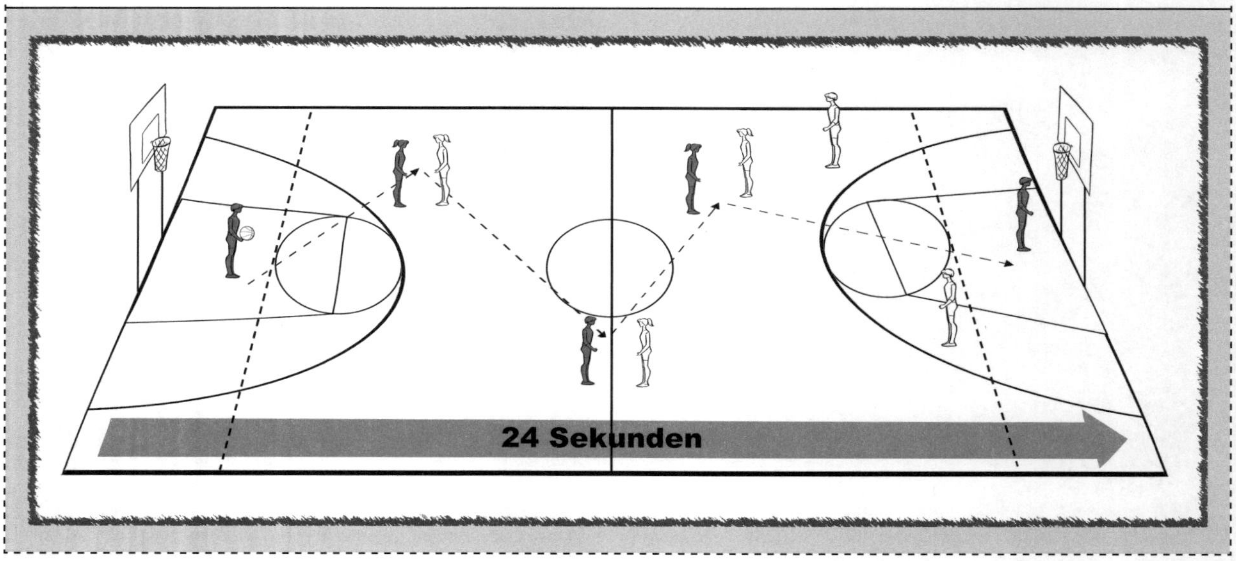

STUNDE 7 Handball – Vom kleinen Spiel zum großen Spiel, die ersten Handballregeln!

Sportart/ Handlungsfeld	Handball
Das Besondere	Die SuS erlernen sukzessiv die ersten Regeln im Handballsport, erproben diese nachfolgend in kleinen Spielen und kontrollieren sie gleichzeitig sowohl als Spieler als auch als Schiedsrichter.
Vorbereitung	Material bereitstellen
Material	Handbälle in Schülerzahl, Wortkarten, Regelkarten
Sozialform	Plenum, Einzelübung, Mannschaftswettbewerb
Kompetenzbereich	• motorische Kompetenzen *(Werfen, Fangen, Springen, Dribbling)* • soziale Kompetenzen *(Teamfähigkeit, Kooperation)* • Lernkompetenz *(Problemlösefähigkeit)*

Stundenverlauf

Phase	Unterrichtsverlauf	Sozialform	Material
Einstieg Wieder- holung	L: „In den letzten Stunden habt ihr alle wichtigen Fertigkeiten erlernt und verbessert, die ihr für das Handballspiel benötigt. Welche sind das?" Die SuS nennen Lösungen. Der L unterstützt ggf. → Dribbling, Passen und Fangen, Torwurf als Schlagwurf und Sprungwurf (siehe Band 7/8)	Plenum	
Motivation	L: „Diese Fertigkeiten müsst ihr im großen Sportspiel Handball fair anwenden können. Aus diesem Grund gelten wie in jedem großen Sportspiel auch im Handball ganz bestimmte Regeln für einen fairen und geordneten Spielverlauf."		
Zielangabe	L: „Heute lernt ihr nacheinander erste Grundregeln im Handballspiel kennen und erprobt diese in kleinen Spielen. Am Ende wendet ihr die Regeln im großen Sportspiel Handball an."		
allgemeines Erwärmen	**Liniendribbling mit Zusatzaufgaben** Die SuS dribbeln mit dem Ball frei im gesamten Spielfeld und führen nacheinander folgende Übungen aus: • Dribbling vorwärts/rückwärts • Dribbling mit Side-Steps • Dribbling mit Anfersen • Dribbling mit einarmigem Armkreisen • Pass gegen eine Wand und wieder fangen (direkt, indirekt) Auf Kommando (Pfiff) führen die SuS weitere Spezialaufgaben aus: • 3-Schritt-Rhythmus → Absprung und Imitation des Sprungwurfs • 3-Schritt-Rhythmus → Absprung → Pass gegen die Wand und wieder fangen • Ball von den Mitschülern im Dribbling wegschlagen, ohne den eigenen Ball zu verlieren	Einzel- übung	1 Handball pro S

Hauptteil	**Wandball** 2 gleich starke Mannschaften spielen gegeneinander. Die angreifende Mannschaft erhält einen Punkt, wenn sie ein Aufsetzertor (Boden-Wand) an der gegnerischen Wand erzielt. Folgende Regeln gelten: • Die gesamte Wandbreite gilt als Tor. • Kein Dribbling, nach Zuspiel muss der Fänger stehen bleiben und weiter passen. • Ball im Seitenaus → Anwurf von der Seitenlinie Welche Mannschaft schafft die meisten Aufsetzertore (nicht Zuspiel)? 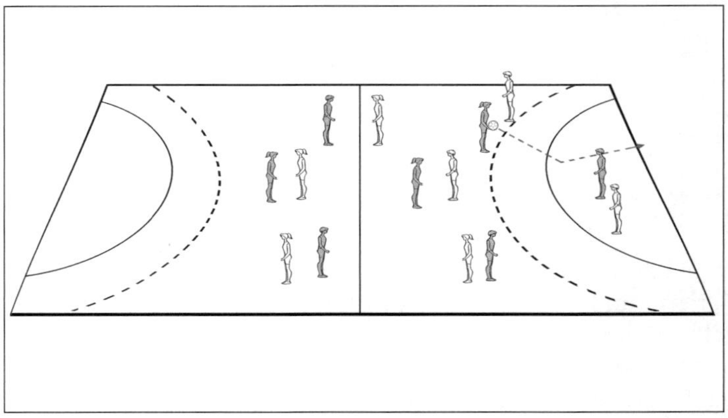	Mann-schaftswett-bewerb	1 Handball
Reflexion Erarbeitung	**Regeln zum Zweikampf** Der L pinnt die Wortkarte „Zweikampf" an die Wand. L: „Denkt an die Zweikämpfe im Spiel zurück. Welche Verhaltensweisen sind im Handball verboten und welche sind erlaubt?" Die SuS erarbeiten gemeinsam die Lösungen. Der L pinnt die Regelkarten „Du darfst nicht: ..." und „Du darfst: ..." an die Wand. Regelverstoß → Freiwurf für die gegnerische Mannschaft	Plenum	Wortkarte, Regelkarten
Anwendung	Das Spiel wird unter Anwendung der neuen Regeln fortgeführt! 1–2 SuS erhalten die Aufgaben der Schiedsrichter.	Mann-schaftswett-bewerb	1 Handball
Reflexion	„Wie konntet ihr die Einhaltung dieser Regeln umsetzen? Was war schwierig? Was war leicht? Was kannst du besser machen?"	Plenum	
Erarbeitung	**Regeln zum Spiel mit dem Ball** Der L pinnt die Wortkarte „Spiel mit dem Ball" und die Regelkarte „3-Sekunden-Regel" an die Wand. „Du darfst den Ball nur maximal 3 Sekunden in der Hand halten!" Regelverstoß → Freiwurf für die gegnerische Mannschaft	Plenum	Wortkarte, Regelkarte
Anwendung	Das Spiel wird unter Anwendung der neuen Regeln fortgeführt. 1–2 neue SuS erhalten die Aufgaben der Schiedsrichter.	Mann-schaftswett-bewerb	1 Handball
Reflexion	„Wie konntet ihr die Einhaltung dieser Regeln umsetzen? Was war schwierig? Was war leicht? Was kannst du besser machen?"	Plenum	
Erarbeitung	Der L pinnt die Regelkarten „3-Schritte-Regel" und „Du darfst maximal 3 Schritte mit dem Ball in der Hand laufen bzw. gehen!" an die Wand.		Regelkarten

Anwendung	Das Spiel wird unter Anwendung der neuen Regel fortgesetzt. 1–2 neue SuS erhalten die Aufgaben der Schiedsrichter.	Mann-schaftswett-bewerb	
Reflexion	„Wie konntet ihr die Einhaltung dieser Regeln umsetzen? Was war schwierig? Was war leicht? Was kannst du besser machen?“ Steigerung der Spielanforderungen: • Größe der Wandtore anpassen • Aufsetzertore zählen nur, wenn sie durch Schlagwurf oder Sprungwurf erzielt werden • Doppelaufsetzer (Boden-Wand-Boden) → berührt ein Abwehrspieler den von der Wand zurückprallenden Ball = kein Tor!	Plenum	
Spiel	**Torstangenball** 2 gleich starke Mannschaften spielen gegeneinander. Die angreifende Mannschaft erhält einen Punkt, wenn ein Mitspieler der eigenen Mannschaft den Bodenpass durch das Stangentor fangen kann. Folgende Regeln gelten: • Die bisher eingeführten Handballregeln gelten. • Dribbling ist erlaubt. • Es darf um die Stangentore herumgespielt werden. • Tore sind von vorn und von hinten erzielbar. 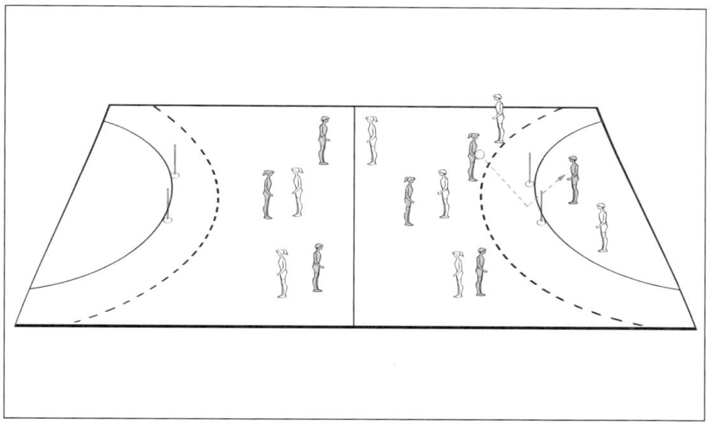	Mann-schaftswett-bewerb	1 Handball
Reflexion	„Wie konntet ihr die Einhaltung dieser Regeln umsetzen? Was war schwierig? Was war leicht? Was kannst du besser machen?“	Plenum	
Erarbeitung	**Regeln zum Dribbling und Ballberührung mit dem Fuß und Unterschenkel** Der L pinnt die Regelkarten „Einhändiges Dribbling“ und „Ball berührt Fuß oder Unterschenkel“ an die Wand.	Plenum	Regelkarten
Anwendung	Das Spiel wird unter Anwendung der neuen Regeln fortgeführt. 1–2 neue SuS erhalten die Aufgaben der Schiedsrichter. Steigerung der Spielanforderungen: • Größe der Stangentore anpassen • Torwart der angreifenden Mannschaft spielt mit (Überzahlspiel)	Mann-schaftswett-bewerb	

Spiel	**Spiel 4:4 oder 4:5 auf ein Tor** Es werden 4 gleich starke Mannschaften gebildet. Jeweils 2 Mannschaften spielen in einer Spielfeldhälfte auf ein Tor gegeneinander. Die ballbesitzende Mannschaft greift an, die andere verteidigt. Folgende Regeln gelten: • Anwurf vom Mittelkreis • alle bisher eingeführten Handballregeln • bei Torerfolg oder Ballverlust wechseln die Mannschaften ihre Rollen (Angriff und Verteidigung) → Start durch Anwurf vom Mittelkreis • mit Torwart oder Kasten	Mann-schaftswett-bewerb	1 Handball
Erarbeitung	**Regeln zum Torwurf** Der L pinnt die Wortkarte „Torwurf" und die dazugehörige Regelkarte an die Wand. Regelverstoß → Rollentausch 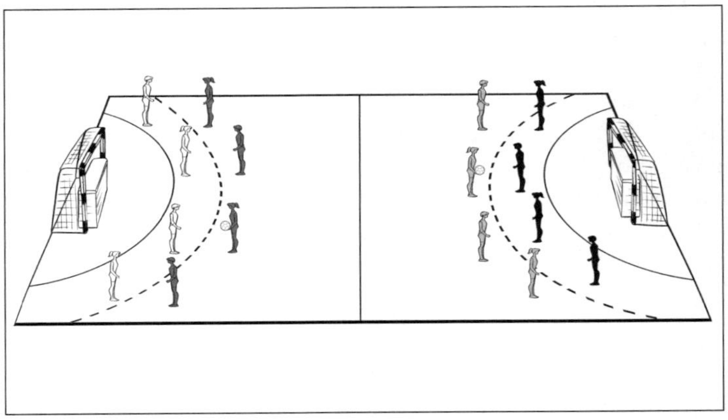	Plenum	Regelkarte, Wortkarte
Reflexion	„Wie konntet ihr die Einhaltung dieser Regeln umsetzen? Was war schwierig? Was war leicht? Was kannst du besser machen?"	Plenum	
Spiel	**Handball 6:6** Zwei gleichstarke Mannschaften spielen gegeneinander. Gespielt wird nach den bisher eingeführten Regeln. 1–2 SuS erhalten die Aufgaben der Schiedsrichter. In regelmäßigen Abständen werden die Schiedsrichter gewechselt.	Mann-schafts-wettbewerb	
Ausklang Reflexion	„Wie konntet ihr die Einhaltung dieser Regeln umsetzen? Was war schwierig? Was war leicht? Was kannst du besser machen?"	Plenum	

Name: Klasse:

Kopiervorlage 1

Zweikampf

Du darfst nicht:

schlagen, halten, stoßen, klammern, anspringen

Du darfst:

Ball beim Dribbling „klauen“, Ball in der Luft abfangen

Spiel mit dem Ball

3-Sekunden-Regel:

Du darfst den Ball maximal 3 Sekunden in deiner Hand halten!

Name: Klasse:

Kopiervorlage 2

3-Schritte-Regel:

Du darfst maximal 3 Schritte mit dem Ball in der Hand gehen bzw. laufen!

Einhändiges Dribbling

→ Ballaufnahme in beide Hände

→ Pass oder Torwurf

Ball berührt Fuß oder Unterschenkel

= Regelverstoß → Freiwurf

Torwurf

Torraum und Kreislinie nicht betreten! → Du darfst in den Torraum springen!

STUNDE 8 Verbessere die Techniken im Volleyball und wende diese effektiv im Spiel an!

Sportart/ Handlungsfeld	Volleyball
Das Besondere	Die SuS üben nacheinander in Partnerarbeit die einzelnen Techniken und korrigieren sich gegenseitig. Nachfolgend wenden sie die erarbeiteten Techniken im Spiel unter Zusatzbedingungen zielorientiert an.
Vorbereitung	Bälle bereitstellen
Material	Volleybälle in Schülerzahl, Volleyballnetz, 8 Turnmatten, evtl. Musik
Sozialform	Partnerarbeit, Gruppenarbeit, Mannschaftswettbewerb
Kompetenzbereich	• motorische Kompetenzen *(Pritschen, Baggern, Aufschlagen)* • soziale Kompetenz *(Teamfähigkeit)*

Stundenverlauf

Phase	Unterrichtsverlauf	Sozialform	Material
Einstieg	L: „Welche Techniken werden im Volleyball eingesetzt?“ • oberes Zuspiel (Pritschen) • unteres Zuspiel (Baggern) • Aufschlag (von unten/oben)	Plenum	
Zielangabe	„Diese Techniken werden wir heute nacheinander üben und im Spiel weiter verbessern.“		
Organisation	Die SuS bauen das Volleyballnetz auf.	Gruppenarbeit	1 Volleyballnetz
allgemeines Erwärmen	**Haltet die Seiten frei!** Die SuS werden in 2 Teams eingeteilt und verteilen sich auf die 2 Spielfeldhälften. Jedes Team bekommt 10 Volleybälle, die auf Startsignal (Musik/Pfiff) in die gegnerische Hälfte geworfen werden. Ziel ist es, die Bälle möglichst schnell wieder auf die andere Seite zu bringen. *Variationen:* • Bälle dürfen nur gepritscht werden. • Bälle dürfen nur gebaggert werden. Bei Pfiff/Musikstopp legen sich die SuS auf den Bauch. Die Mannschaft, die die wenigsten Bälle in ihrer Spielfeldhälfte hat, hat gewonnen.	Mannschaftswettbewerb	10 Volleybälle pro Team, evtl. Musik
spezielles Erwärmen	L: „Welche Muskelgruppen werden beim Volleyball besonders beansprucht?“ → Arm- und Schultergelenke, Sprunggelenke SuS nennen und demonstrieren Mobilisationsübungen. Ggf. unterstützt und kontrolliert der L.	Klasse (Kreis)	

Hauptteil Demonstration Erarbeitung	**Verbesserung des oberen Zuspiels** Der L und ein S demonstrieren eine typische Situation im Volleyball: → der L wirft einen hohen Ball auf Kopfhöhe zum S „Mit welcher Technik kannst du effektiv reagieren?“ → oberes Zuspiel Nachfolgend werden die technischen Knotenpunkte des oberen Zuspiels gemeinsam erarbeitet:   • Finger gespreizt, sie bilden ein Dreieck • Hände vor und über der Stirn • KSP wird durch Fuß-, Knie- und Hüftgelenk abgesenkt → Körper- und Armstreckung	Plenum	
Partnerkorrektur	**Pritschen zu zweit (ohne Netz)** Die SuS bilden Paare und stellen sich in Gassenform auf. Ein S wirft den Volleyball auf Kopfhöhe zu seinem Partner. Der Partner spielt den Volleyball mit dem oberen Zuspiel wieder zurück. Dabei achten die SuS auf die erarbeiteten Knotenpunkte der Technik. Der Zuspieler fungiert dabei als Trainer. Er beobachtet die Bewegungsausführung seines Partners, kontrolliert und gibt ggf. Verbesserungsvorschläge. Nach 2 Minuten erfolgt Rollentausch.	Partnerarbeit (Gasse)	1 Volleyball pro Paar
Erarbeitung	L: „Wie sieht die Flugkurve eines effektiven oberen Zuspiels aus?“ Der L zeigt verschiedene Varianten (hohe Flugkurve, flache, schnelle Flugkurve). Die SuS erarbeiten die effektive Flugkurve beim Zuspiel. → hohe Flugkurve	Plenum	
Bewusstmachung	L: „Durch eine hohe Flugkurve hat dein Mitspieler genügend Zeit, sich zum Ball zu stellen. So kann er effektiv weiterspielen (Schmetterball, Zuspielen).“		
	Die SuS setzen die Übungen fort und erproben die hohe Flugkurve.	Partnerarbeit (Gasse)	
Differenzierung	Für die Leistungsstarken: Beide SuS spielen sich mit dem oberen Zuspiel den Volleyball zu. Wettkampf: „Wie viele Zuspiele ohne Fehler schafft ihr in 2/3 Minuten?“		

Erarbeitung	**Verbesserung des unteren Zuspiels** Der L und ein S demonstrieren eine typische Situation im Volleyball: → Der L wirft einen Ball auf Kniehöhe zum S. „Mit welcher Technik kannst du effektiv reagieren?“ → unteres Zuspiel (Bagger) Nachfolgend werden die technischen Knotenpunkte des unteren Zuspiels gemeinsam erarbeitet: 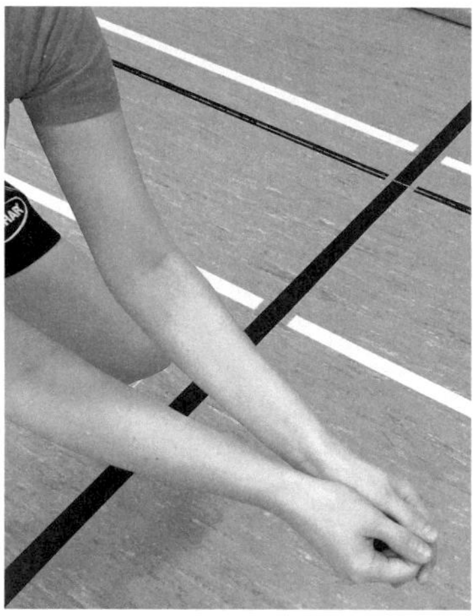  • Handflächen fest verschlossen • Spielbrett bilden (Unterarme zusammen) • Knie gebeugt • Balltreffpunkt auf den Unterarmen	Plenum	
Partner- korrektur	**Baggern zu zweit (ohne Netz)** Die SuS finden sich wieder in ihren Paaren zusammen. Ein S wirft den Volleyball auf Kniehöhe zu seinem Partner. Der Partner spielt den Volleyball mit dem unteren Zuspiel wieder zurück. Dabei achten die SuS auf die erarbeiteten Knotenpunkte und die hohe Flugkurve. Der Zuspieler fungiert dabei als Trainer. Er beobachtet die Bewegungsausführung seines Partners, kontrolliert und gibt ggf. Verbesserungsvorschläge. Nach 2 Minuten erfolgt Rollentausch.	Partner- arbeit (Gasse)	1 Volleyball pro Paar
Differen- zierung	Für die Leistungsstarken: Beide SuS spielen sich mit dem oberen Zuspiel den Volleyball zu. Wettkampf: „Wie viele Zuspiele ohne Fehler schafft ihr in 2/3 Minuten?“		
Anwendung	**Baggern oder Pritschen? (ohne Netz)** Die SuS bleiben in den Paaren zusammen. Ein S wirft den Ball entweder auf Kopf- oder Kniehöhe zu seinem Partner. Dieser muss auf den ankommenden Ball reagieren und mit dem oberen oder unteren Zuspiel zurückspielen.	Partner- arbeit (Gasse)	1 Volleyball pro Paar
Differen- zierung	Für die Leistungsstarken: • Der Ball wird leicht nach links oder rechts geworfen. • Die Paare spielen sich den Ball mit den erarbeiteten Zuspielen zu.		

Anwendung	**Zuspiel zu viert (ohne Netz)** Die SuS finden sich in 4er-Gruppen zusammen. Die Gruppen spielen sich den Volleyball zu und wenden beide Zuspiele an. Nach einer kleinen Übungsphase wird ein Wettkampf durchgeführt: „Wie viele Zuspiele ohne Fehler schafft ihr in 2/3 Minuten?“ Bedingungen: • Bei einem Fehler wird von Neuem gezählt. • Es zählen nur Zuspiele mit den erarbeiteten Techniken (oberes oder unteres Zuspiel).	Gruppenarbeit	1 Volleyball pro Gruppe
Erarbeitung	**Verbesserung des Aufschlags von unten** L: „Wie beginnt jeder Ballwechsel?“ → Aufschlag „Die sichere Variante ist der Aufschlag von unten.“ Nachfolgend werden die technischen Knotenpunkte des Aufschlags gemeinsam erarbeitet: • Handgelenk und Daumen bilden „knöchernen Brunnen“ (Balltreffpunkt) • Schrittstellung • Arm von unten nach vorn oben ausschwingen   		

Organisation	Die SuS bauen die Zielfelder auf.	Gruppen-arbeit	4 Turn-matten, 1 Volleyball-netz, 1 Volleyball pro S
Anwendung	**Aufschläge in Zielfelder** Die SuS bilden zwei Mannschaften, die sich jeweils an der Grundlinie einer Spielhälfte aufstellen. Jeder S hat einen Volleyball. Die SuS spielen einen Aufschlag in das Zielfeld und erproben die erarbeiteten Knotenpunkte. Nach der Übungsphase wird ein kleiner Wettkampf durchgeführt. Folgende Bedingungen gelten: • Es darf immer nur ein S von der Aufschlagzone (Hütchen auf der Grundlinie) aufschlagen. • Es dürfen nur die Bälle geholt werden, die in der eigenen Spielfeldhälfte liegen. • „Fliegende Bälle" dürfen nicht berührt werden. „Wie viele Aufschläge spielt ihr in das Zielfeld in 3 Minuten?" 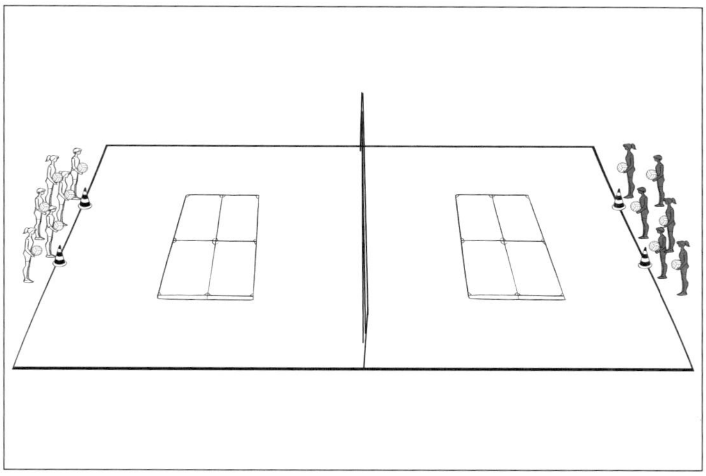 *Variationen:* • Zielfelder an einer anderen Stelle positionieren • Zielfelder verkleinern • Spielzeit erhöhen/verringern • Aufschlagzone an eine andere Stelle an der Grundlinie positionieren	Mann-schafts-wettbewerb	
Wettkampf Anwendung	**Spiel 6:6** Die SuS bleiben in ihren Mannschaften zusammen. Unter folgenden Bedingungen wird jeweils ein Satz bis 15 Punkte gespielt: • halbes Spielfeld, nur oberes Zuspiel erlaubt • halbes Spielfeld, nur oberes und unteres Zuspiel erlaubt • halbes Spielfeld, nur oberes und unteres Zuspiel + mindestens einmal abspielen erlaubt!	Mann-schafts-wettbewerb	1 Volleyball-netz, 1 Volleyball

	Wendet ein S die falsche Technik an (Spiel mit dem Fuß, Kopf oder mit einer Hand/Faust), so erhält die gegnerische Mannschaft den Punkt. • großes Spielfeld, ohne Einschränkungen 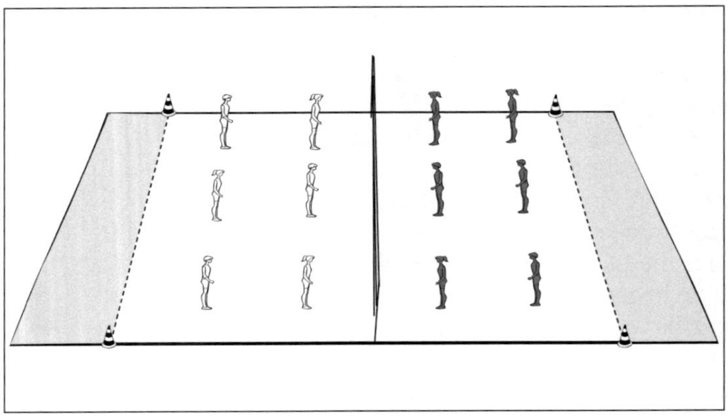 Falls es mehrere Spieler sind, kann entweder mit Auswechselspieler gespielt werden oder kleinere Teams spielen auf mehreren Spielfeldern.		
Ausklang Auswertung Reflexion	Der Sieger wird gekürt. „Wie konntet ihr die Anwendung der Techniken im Spiel umsetzen?“ „Was lief gut?“ Welche Probleme traten auf?“ „Was könnt ihr besser machen, um diese Probleme zukünftig zu lösen?“	Plenum	

STUNDE 9 Finten und Täuschungen im Fußball – Sei kreativ und dribble dich zum Sieg!

Sportart/ Handlungsfeld	Fußball
Das Besondere	Die Schüler erproben selbstständig und spielerisch Finten in einer motivierenden Wettkampfsituation. Eine einfache Organisationsform bietet in dieser Stunde viele verschiedene Variationen.
Vorbereitung	Tafel bzw. Plakat mit Schülernamen versehen
Material	Fußbälle in Schülerzahl, 6 Hütchen, 2 Langbänke, Leibchen, Laptop/Tablet, Aufbauplan
Sozialform	Plenum, Einzelarbeit, Partnerarbeit, Gruppenarbeit, Klasse, Mannschaftswettbewerb
Kompetenzbereich	• motorische Kompetenzen *(Laufen, Dribbling)*

Stundenverlauf

Phase	Unterrichtsverlauf	Sozialform	Material
Einstieg	L zeigt ein Video von einem Profifußballspieler bei spektakulären Dribblingeinlagen.	Plenum	Video, Laptop/ Tablet
Bedeutung des Lerninhalts	L: „Finten und Körpertäuschungen sind ein wichtiger Bestandteil, um sich im Zweikampf durchzusetzen.“		
Zielangabe	„Heute erproben und verbessern wir verschiedene Finten und setzen uns im Zweikampf durch!“		
allgemeines Erwärmen	Die SuS dribbeln mit einem Fußball frei in einem abgesteckten Feld. Dabei achten sie darauf, den Mitschülern ohne Ballverlust auszuweichen. Erste Finten können schon erprobt werden. Kann ein S seinen Ball nicht im Feld halten → 5 Liegestütze/Situps außerhalb des Feldes. L gibt Zusatzaufgaben wie z. B.: • Ball nur mit dem linken/rechten Fuß führen • Ball abwechselnd links, rechts führen • Ball nur mit der Innenseite/Fußsohle führen • rückwärts/seitwärts laufen etc.	Einzelarbeit	Fußbälle in Schülerzahl, 4 Hütchen
spezielles Erwärmen	L: „Beim Fußball wird vor allem die Beinmuskulatur beansprucht. Wer kennt Dehn- bzw. Mobilisationsübungen für: • Oberschenkel Vorder- und Rückseite, • Wadenmuskulatur, • Fußgelenke, • Adduktoren?“ Die SuS nennen und demonstrieren Übungen. Die Klasse führt sie anschließend aus. Der L unterstützt und kontrolliert ggf.	Klasse	

Hauptteil	**Freies Erproben der Finten** Die SuS gehen paarweise zusammen. Der ballführende S probiert an seinem passiven Gegenspieler eine beliebige Finte oder Körpertäuschung aus. Anschließend wechselt der Ballbesitz.	Partnerarbeit	Fußbälle in halber Schülerzahl
S-Demo	Die SuS zeigen verschiedene Finten. Der L ergänzt ggf. durch L-Demonstration/Video z. B.: • Übersteiger • Körpertäuschung mit Ausfallschritt • Schussfinte Die SuS erproben nochmals die neuen Finten.	Plenum	
	Aufbau Das Spielfeld wird mithilfe des Aufbauplans abgesteckt. Eine Tafel/ein Plakat mit den Namen der SuS wird in der Halle fixiert.	Gruppenarbeit	Aufbauplan 1, 6 Hütchen
	Spielidee Die Grundidee der folgenden Spielform ist für den Rest der Stunde gleich. Die ballführenden SuS versuchen, am Verteidiger/an den Verteidigern vorbei zu dribbeln. Dabei gibt es eine Anlaufzone, in der die Angreifer Geschwindigkeit aufnehmen können und nicht angegriffen werden dürfen sowie eine Verteidigungszone, in der das Abwehrteam versuchen muss, den Angreifern den Ball abzunehmen. Dribbelt der Angreifer ohne Ballverlust durch die Verteidigungszone, bekommt er einen Punkt, den er selbstständig auf der Tafel/dem Plakat einträgt. Damit kein Chaos entsteht, besitzen stets nur die ersten beiden Angreifer-Teams Bälle. Der/die Verteidiger sind mit Leibchen gekennzeichnet und wechseln durch, so dass jeder S mindestens einmal Verteidiger war.		4–6 Fußbälle, 2 Leibchen
Anwendung	**Überzahlspiel mit mehreren Bällen** 2 Angreifer (jeder ein Ball) dribbeln auf einen Verteidiger zu. *Variationen:* • 3 gegen 1 • 3 gegen 2 • Zonenbreite verändern	Partner-/Gruppenarbeit	
Reflexion	L: „Wie hast du die Situation gelöst? Welche Finten hast du genutzt? Welche Taktik habt ihr euch in der Kleingruppe ausgedacht (Verteidiger/Angreifer)?" SuS nennen Lösungs- und Verbesserungsvorschläge und demonstrieren sie.	Plenum	
Anwendung	**Überzahlspiel mit mehreren Bällen und Langbänken** Nun haben die Angreifer die Möglichkeit, die Langbank als „Mitspieler" für einen Doppelpass zu nutzen. *Variationen:* • 3 gegen 1 • 3 gegen 2 • Zonenbreite verändern	Partner-/Gruppenarbeit	2 Langbänke, Aufbauplan 2

Reflexion	L: „Wie hast du die Situation gelöst? Welche Finten hast du genutzt? Welche Taktik habt ihr euch in der Kleingruppe ausgedacht (Verteidiger/Angreifer)?" SuS nennen Lösungs-/Verbesserungsvorschläge und demonstrieren sie.	Plenum	
Anwendung	**Überzahlspiel mit einem Ball** Die Angreifer haben jetzt nur noch einen Ball. Sie müssen durch geschicktes Passspiel die Verteidigung überwinden. *Variationen:* • 3 gegen 1 • 3 gegen 2 • Zonenbreite verändern	Partner-/ Gruppenarbeit	
Reflexion	L: „Wie hast du die Situation gelöst? Welche Finten hast du genutzt? Welche Taktik habt ihr euch in der Kleingruppe ausgedacht (Verteidiger/Angreifer)?" SuS nennen Lösungs- und Verbesserungsvorschläge und demonstrieren sie.		
Anwendung	**Überzahlspiel mit einem Ball und Torabschluss** Am Ende der Verteidigungszone erfolgt ein Torabschluss des ballführenden Spielers. Ist der Ball im Tor, so bekommt das Angreifer-Team einen zusätzlichen Punkt. *Variationen:* • 3 gegen 1 • 3 gegen 2 • Zonenbreite verändern	Partner-/ Gruppenarbeit	
Reflexion	L: „Wie hast du die Situation gelöst? Welche Finten hast du genutzt? Welche Taktik habt ihr euch in der Kleingruppe ausgedacht (Verteidiger/Angreifer)?" SuS nennen Lösungs-/Verbesserungsvorschläge und demonstrieren sie.	Plenum	
Ausklang	Der Endstand wird ausgewertet und der Dribbelkünstler der Klasse gekürt.	Plenum	
	Abschlussspiel Es werden gleich starke Mannschaften gebildet und „normales" Fußball auf zwei Tore gespielt. Führt ein Spieler unmittelbar vor dem Torerfolg eine Finte aus, zählt das Tor doppelt.	Mannschaftswettbewerb	1 Fußball, Leibchen

Name: Klasse:

Kopiervorlage

Aufbauplan 1

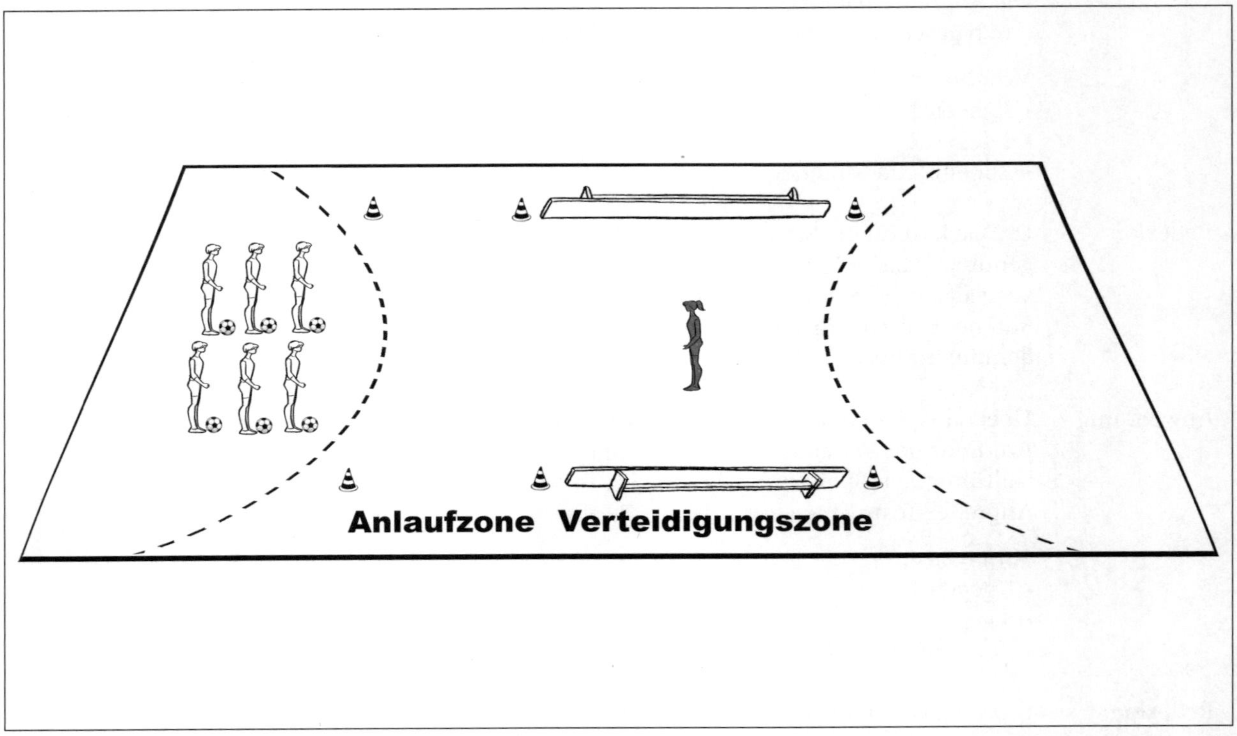

Aufbauplan 2

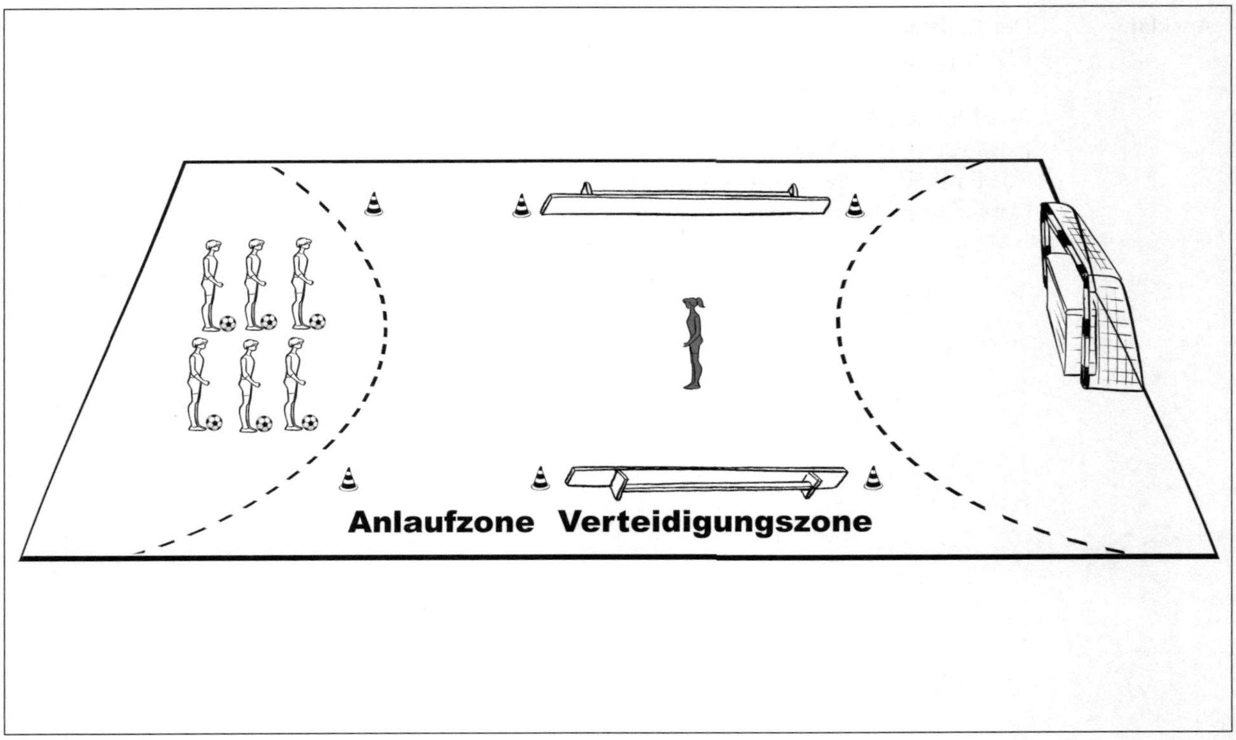

STUNDE 10 Trainiere deine Ausdauer! – Mit der Pulskarte kontrollierst und optimierst du professionell dein Ausdauertraining!

Sportart/ Handlungsfeld	Leichtathletik
Das Besondere	Die SuS erweitern sukzessive ihr Wissen zum Ausdauertraining und wenden dieses sofort kompetent und eigenverantwortlich in den Übungen an. Sie erhalten ein umfangreiches Wissenspaket, mit dem sie ihr eigenes Ausdauertraining in der Freizeit gestalten können.
Vorbereitung	Trainingskarten ausdrucken
Material	1 Stoppuhr, Trainingskarten in Schülerzahl, Stifte, evtl. Taschenrechner, Hütchen, Musik
Sozialform	Plenum, Einzelarbeit, Klasse
Kompetenzbereich	• motorische Kompetenzen *(laufen)* • personale Kompetenz *(Selbstreflexion)*

Stundenverlauf

Phase	Unterrichtsverlauf	Sozialform	Material
Einstieg	L: „In der heutigen Stunde lernt ihr, wie ihr kontrolliert eure Ausdauer trainieren könnt!“	Plenum	
Bedeutung des Lerninhalts	„Wo braucht ihr Ausdauer?“ „Wer weiß, wie man seine eigene Herzfrequenz/seinen Puls am einfachsten messen kann?“ → Am Handgelenk/am Hals Wichtiger *Hinweis:* Nicht mit dem Daumen (eigener Puls) 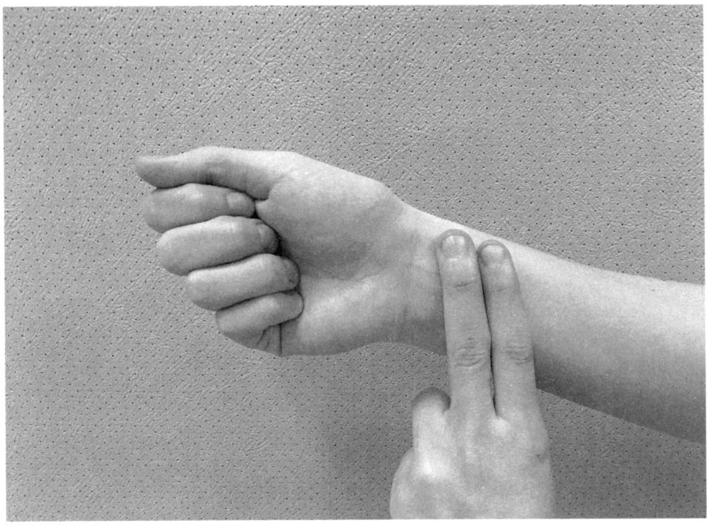		
Zielangabe	Die SuS fühlen ihren Puls am Handgelenk bzw. am Hals. Auf Startsignal des L zählen die SuS 20 Sekunden lang ihre Pulsschläge. Diesen Wert multiplizieren sie mit 3 und tragen ihn in ihre persönliche Trainingskarte ein → „Das ist eure ‚normale‘ Herzfrequenz, ohne Belastung – der Ruhepuls!“ „Heute trainiert jeder seine Ausdauer in seinem persönlichen Leistungsbereich. Dabei lernen wir verschiedene Trainingsmethoden kennen.“		Stoppuhr Trainingskarten in Schülerzahl, Stifte

allgemeines Erwärmen	L: „Bevor wir beginnen, errechnet ihr euren individuellen (Ausdauer-)trainingspuls mit einer speziellen Formel, der Karvonenformel: **HF_{max}** = 220 – Lebensalter **Ruhepuls** = zuvor gemessener Wert **Faktor** = SuS entscheiden selbst, ob sie sich eher als trainiert oder weniger trainiert einschätzen. Die SuS füllen die Formel auf der Trainingskarte aus und errechnen ihren individuellen Trainingspuls.	Einzelarbeit	Trainingskarten in Schülerzahl, Stifte, evtl. Taschenrechner
	Dauerlauf L: „Ihr lauft euch nun 5 Minuten locker auf der Rundbahn *(in der Halle: um ein abgestecktes Feld)* ein. Nach 5 Minuten gebe ich euch das Signal zum Stehenbleiben, woraufhin ihr sofort euren Puls fühlt. Anschließend gebe ich euch die 20 Sekunden Messzeit an.“ Die SuS messen und tragen ihre Werte ein.		Musik
Reflexion	Die SuS vergleichen den Wert nach dem Dauerlauf mit ihrem zuvor errechneten Trainingswert. L: „Wer hat sich diesem Wert ($HF_{Training}$) angenähert, ihn erreicht oder übertroffen?“ Hinweis auf Sinn der Erwärmung: Herz-Kreislauf-System wird angeregt → Herzfrequenz steigt → Körper ist auf die sportliche Aktivität vorbereitet. Die restliche Stunde läuft immer nach dem gleichen Prinzip ab: Startsignal → Stoppsignal → Puls fühlen → Start $_{\text{(20 Sek. messen)}}$ → Stopp → Wert eintragen → erneutes Messen nach 2 Minuten		
spezielles Erwärmen	L: „Beim heutigen Ausdauertraining wird vor allem die Beinmuskulatur beansprucht. Wer kennt hierfür Dehn- bzw. Mobilisationsübungen?“ Die SuS nennen und demonstrieren Übungen. Die Klasse führt anschließend die Übungen aus. Der L unterstützt und kontrolliert ggf.	Klasse	
Hauptteil	L: „Die erste Ausdauertrainingsmethode habt ihr bereits kennengelernt – den Dauerlauf. Hier ist es allerdings oft schwierig (bzw. dauert es lange), den Puls so zu erhöhen, dass ein Trainingseffekt entsteht. Bei der nächsten Methode, der Intervallmethode, geschieht das deutlich schneller!“	Plenum	
	Intervallmethode Die SuS wechseln nun alle 50 m ihr Tempo von gemütlichem Joggen zu einem zügigen Lauf *(in der Halle: kurze Hallenseite langsam, lange Hallenseite schnell)*. Startsignal $_{\text{(5 Min. Intervall)}}$ → Stopp → Puls fühlen → Start $_{\text{(20 Sek. messen)}}$ → Stopp → Wert eintragen → erneutes Messen nach 2 Minuten	Einzelarbeit	Trainingskarten in Schülerzahl, Stifte

Reflexion	SuS errechnen die Differenz von $HF_{Training}$ und $HF_{nach\ 2\ Min.}$ und tragen die Werte ein. L: „$HF_{nach\ 2\ Min.}$ wird als ‚Nachbelastungspuls' bezeichnet. Dieser Wert zeigt dir an, wie schnell sich dein Herz nach einer Belastung erholt. Je größer die Differenz ist, desto besser ist deine Ausdauerfähigkeit." Grobe Richtwerte sind: • **gut** = 30 Schläge • **befriedigend** = 22 Schläge • **mangelhaft** = 16 Schläge	Plenum	
	Fahrtspiel L: „Eine weitere Methode ist das sogenannte Fahrtspiel. Hierbei wechselst du das Lauftempo nach Lust und Laune. Wie ein Auto hast auch du verschiedene ‚Gänge': lockeres Traben über zügiges Joggen bis hin zum Sprinten. Dein frei gewähltes Tempo läufst du immer bis zu einem bestimmten Punkt, z. B. einer bestimmten Linie auf der Laufbahn (in der Halle: bis zu einem Hütchen). Danach locker traben bis zum nächsten Gangwechsel, aber nicht gehen." Startsignal (5 Min. Fahrtspiel) → Stopp → Puls fühlen → Start (20 Sek. messen) → Stopp → Wert eintragen → erneutes Messen nach 2 Minuten	Einzelarbeit	Trainingskarten in Schülerzahl, Stifte
Reflexion	SuS berichten von ihren Pulswerten und ihren Erfahrungen beim Fahrtspiel.	Plenum	
	Dauerlauf mit Zusatzbelastung Die SuS laufen im Dauerlauftempo und führen alle 100 m (in der Halle: an jedem zweiten Hütchen) 5 Liegestützen aus. Startsignal (5 Min. DL mit Zusatz) → Stopp → Puls fühlen → Start (20 Sek. messen) → Stopp → Wert eintragen → erneutes Messen nach 2 Minuten	Einzelarbeit	Trainingskarten in Schülerzahl, Stifte
Reflexion	Die SuS berichten von ihren Pulswerten und der Veränderung des Dauerlaufs durch die Zusatzbelastung: → mehr Muskeln beteiligt → höhere Herzfrequenz	Plenum	
Ausklang Ausblick	L: „Die Ausdauer ist nur ein Teil eurer Kondition. Was gehört noch dazu?" → Kraft, Schnelligkeit, Beweglichkeit „Eine super Möglichkeit, alle konditionellen Fähigkeiten in einem Training anzusprechen ist Crossfit! Was das genau ist, schauen wir uns in der Stunde dazu an." (Vgl. Stunde 12 in diesem Band)	Plenum	

Name: Klasse:

Kopiervorlage

Die persönliche Trainingskarte von ______________________

(____________ – ____________) × ____________ + ____________ = [ ]

HF_{max} (= 220 – Lebensalter) – Ruhepuls; Faktor (= **0,5**: untrainiert/**0,6**: trainiert); Ruhepuls; **Trainingspuls**

Methode	$HF_{Training}$	$HF_{nach\ 2\ Min.}$	Differenz
Dauerlauf			
Intervallmethode			
Fahrtspiel			
Dauerlauf mit Zusatzbelastung			

✂ -

Die persönliche Trainingskarte von ______________________

(____________ – ____________) × ____________ + ____________ = [ ]

HF_{max} (= 220 – Lebensalter) – Ruhepuls; Faktor (= **0,5**: untrainiert/**0,6**: trainiert); Ruhepuls; **Trainingspuls**

Methode	$HF_{Training}$	$HF_{nach\ 2\ Min.}$	Differenz
Dauerlauf			
Intervallmethode			
Fahrtspiel			
Dauerlauf mit Zusatzbelastung			

STUNDE 11 Soccerobics – Trainieren wie die Stars!

Sportart/ Handlungsfeld	Gymnastik/Tanz, Gesund und fit
Das Besondere	Die SuS bewegen sich mit dem Ball im Rhythmus zur Musik und lernen ein Trainingsprogramm kennen, mit dem auch Fußballprofis arbeiten. Soccerobics kann in Folgestunden sowohl zum allgemeinen Erwärmen als auch zur Verbesserung der Ausdauer eingesetzt werden.
Vorbereitung	Material bereitstellen
Material	Musik (ca. 130–135 bpm), Fuß- oder Basketbälle (ggf. Volley- und Softbälle) in Schülerzahl
Sozialform	Plenum, Einzelarbeit, Partnerarbeit, Gruppenarbeit, Klasse
Kompetenzbereich	• kommunikative Kompetenzen *(Absprachen, nonverbale Kommunikation)* • motorische Kompetenzen *(Ball führen und passen, Koordination, Rhythmik)* • soziale Kompetenzen *(Kooperation, Teamfähigkeit, Selbstorganisation)*

Stundenverlauf

Phase	Unterrichtsverlauf	Sozialform	Material
Einstieg Zielangabe Motivation Organisation	L: „Wir bewegen uns heute mit dem Ball im Rhythmus zur Musik, um Koordination, Ausdauer und Rhythmusgefühl zu verbessern." Der L verweist auf den Einsatz von Soccerobics bei z. B. Ajax Amsterdam und Bundesligavereinen. Regel: • Musik läuft = Übungszeit • Musikstopp = Zuhören	Plenum (Sitzkreis)	
allgemeines Erwärmen	Der L zeigt Übungen im Rhythmus zur Musik, die SuS machen sie nach: • Tipp mit rechtem/linken Fußballen abwechselnd auf den Ball (Foto A) • Ball führen zwischen den Beinen mit Ballkontakten im Rhythmus zur Musik (Foto B) • Jumping Jack mit Tipp auf den Ball rechts/links im Wechsel: Öffnen (1), Schließen (2), Tipp rechter Fußballen auf Ball (3), wieder abstellen (4), Öffnen (5), Schließen (6), Tipp linker Fußballen auf Ball (7), wieder abstellen (8) (Foto C)  A  B  C	Klasse (Linie über die Länge der Halle)	pro S ein Ball, Musik (ca. 130 bpm)
selbst-gesteuertes Lernen	Partner-Schatten: S_A macht eine Übung im Rhythmus zur Musik vor. S_B macht sie nach → Wechsel	Partner-arbeit	

Hauptteil Erarbeitung Differenzierung	**Rhythmisches Bewegen mit dem Ball** Der L zeigt Übungen mit dem Ball zur Musik, die SuS machen sie nach. Nach einer gewissen Übungszeit können gute SuS die Übungen vormachen, der L macht zur Hilfe/Orientierung in der Nähe mit. • Tipp mit rechtem/linkem Fußballen im Wechsel auf den Ball (vgl. Foto A oben): ▸ am Platz ▸ in der Vorwärts- und Rückwärtsbewegung ▸ mit ganzer Rechtsdrehung um den Ball herum • Step-Touch mit Tipp auf den Ball auf die 4. Zählzeit. Wenn der Step-Touch mit dem rechten Bein begonnen wird, erfolgt der Tipp auf den Ball mit dem rechten Bein und umgekehrt.   • Jumping Jack mit Tipp auf den Ball rechts/links im Wechsel (vgl. Foto oben) → Auch als Choreografie möglich (vgl. Videolink im Downloadbereich)!	Einzelarbeit (Blockaufstellung)	pro S 1 Ball
	Übungen mit dem Partner (Vgl. Videolink im Downloadbereich) • Pässe mit der Sohle (Fußballen) mit Kick rechts/links im Wechsel im Rhythmus mit dosiertem Krafteinsatz: S_A (hat Ball) beginnt mit rechts; S_B beginnt mit links mit dem Kick, wenn er den Ball mit rechts passen will bzw. umgekehrt. S_A kickt den Ball zu S_B bei 1, 3, 5, 7. S_B kickt den Ball zu S_A bei 2, 4, 6, 8. Die SuS zählen dabei laut mit: S_A: „1, 3, 5, 7 …" S_B: „2, 4, 6, 8 …" 	Partnerarbeit (Gasse)	pro Paar 1 Ball

- Vgl. S. 54 unten, aber nach 8 Pässen wechseln die nebeneinander stehenden Spieler S_A und S_B auf 8 Kicks (8 Zählzeiten) ihren Platz. Der Ball wird von S_A auf die 1 (1. Zählzeit) gestoppt, dann erfolgt der Platzwechsel. Die Wechselnden müssen vorher besprechen, wer vorne und wer hinten wechselt (um Zusammenstoß zu vermeiden). Danach erfolgen wieder 8 Pässe und ein erneuter Wechsel.

Gruppenarbeit (Vierergruppen, bzw. 2 Paare)

pro Paar 1 Ball

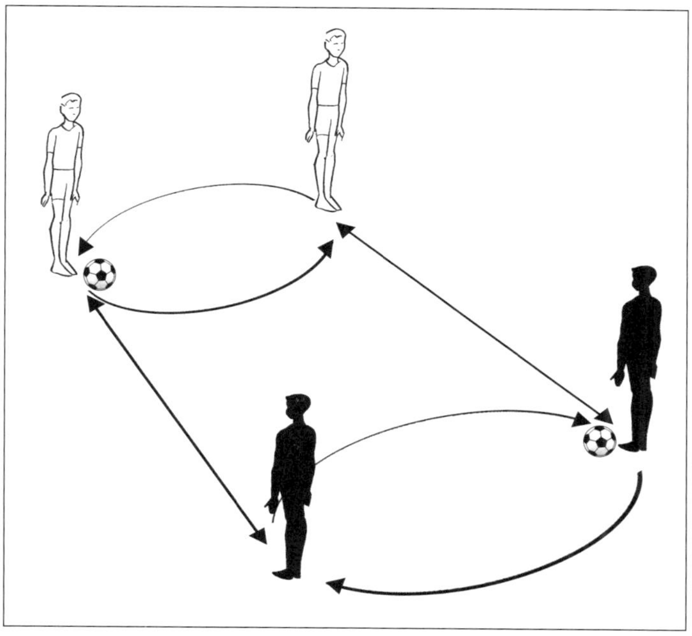

selbstgesteuertes Lernen

- Bewegungsaufgabe:
  L: „Ein Pass erfolgt weiterhin mit dem Fußballen mit Kick rechts/links im Wechsel (s. o.), der 2. Ball wird mit Druckpass hin und her gepasst."

  Mögliche Lösung: S_A beginnt mit Kick auf 1, S_B beginnt mit Druckpass auf 1.

pro Paar 1 Ball

selbst- gesteuertes Lernen	**Übungen in der Dreiergruppe** (Vgl. Videolink im Downloadbereich) • Die SuS passen mit dem rechten Fuß auf 1, stoppen mit dem linken Fuß auf 2 im Uhrzeigersinn. Die Spieler finden selbst den Einstieg und zählen laut mit: „1, 2, 1, 2 …“   • Gegen den Uhrzeigersinn: Passen mit dem linken Fuß auf 1, stoppen mit dem rechten Fuß auf 2. • 4-mal im Uhrzeigersinn, 4-mal gegen den Uhrzeigersinn • Ball wird auf 1 mit beiden Händen angeworfen und mit dem rechten Fuß zum Partner gespielt, so dass dieser ihn auf 2 fangen kann (im Uhrzeigersinn).  • Richtungswechsel (gegen den Uhrzeigersinn) • Evtl. mit verschiedenen Bällen (z. B. Fuß-, Volley-, Softball) • SuS überlegen sich selbst Varianten.	Gruppen- arbeit (Dreiecks- aufstellung)	evt. Fuß-, Volley-, Softball
Ausblick/ Weiter- führung	**Ausblick** Evtl. Weiterentwicklung und Aufführung bei einem Schulfest oder die SuS gestalten selbstständig das Aufwärmen bei einem Fußballturnier.	Plenum (Sitzkreis)	

STUNDE 12 Kämpfe! Eine Wiederholung schaffst du noch! – Wir erproben Crossfit!

Sportart/ Handlungsfeld	Gesund und fit
Das Besondere	Die SuS lernen den neuen Fitnesstrend Crossfit kennen und erproben diesen methodisch. Dabei erfahren sie, dass sie sehr effektiv mit dem eigenen Körpergewicht trainieren können. Dieses Stundenbild ist als Baukastensystem zu betrachten. Der erläuterte Ablauf (Erarbeitung/ Erproben, Anwendung, Reflexion) kann ebenso als Stundenabschnitt zum Bereich Kräftigung in jeder Sportstunde durchgeführt werden.
Vorbereitung	Geräte und Musik bereitstellen
Material	Musik, Wortkarten, Lernkarten
Sozialform	Plenum, Klasse, Partnerarbeit, Gruppenarbeit
Kompetenzbereich	• motorische Kompetenzen *(Koordination, Kraft, Kraftausdauer)* • personale Kompetenzen *(Durchhaltevermögen, Selbsteinschätzung)* • soziale Kompetenz (*Selbstorganisation)*

Stundenverlauf

Phase	Unterrichtsverlauf	Sozialform	Material
Einstieg Motivation Zielangabe	L: „Für viele Sportler und Prominente ist Crossfit das härteste Fitnesstraining der Welt! Beim Crossfit werden ALLE konditionellen Fähigkeiten umfassend trainiert: Kraft, Ausdauer, Schnelligkeit, Beweglichkeit.“ „Heute lernen wir diesen Fitnesstrend aus den USA kennen und erproben hierfür typische Trainingsmethoden.“ „Der Ablauf beim Crossfit ist immer gleich: 1. Erwärmung, 2. Technik/Koordination, 3. WOD (workout of the day), 4. Regeneration.”	Plenum (Sitzkreis)	
allgemeines Erwärmen	**Erwärmung** Die SuS laufen frei in der Sporthalle und führen auf Kommando folgende Aufgaben aus: • Kniehebelauf • Anfersen • Armkreisen vw/rw/gegengleich • Skippings auf der Stelle • Hockstrecksprünge • rückwärts laufen • Liegestützhaltung einnehmen • weite Ausfallschritte etc. Im Hintergrund läuft motivierende Musik.	Klasse	Musik

spezielles Erwärmen selbstgesteuertes Lernen	L: „Beim Crossfit werden alle großen Muskelgruppen trainiert. Wer kennt Mobilisations- bzw. Kräftigungsübungen für: • Muskelgruppen der Arme und Schultern, • Bauch- und Rückenmuskeln, • Muskelgruppen der Beine?“ Die SuS nennen und demonstrieren Übungen. Die Klasse führt anschließend die Übungen aus. Der L unterstützt und kontrolliert ggf.	Klasse (Kreis)	
Hauptteil Erarbeitung	Der L pinnt die Wortkarte einer der 4 zur Verfügung stehenden Trainingsmethoden und die Lernkarten der dafür gewählten Übungen an die Wand. Mithilfe der Wort- und Lernkarten werden die Trainingsmethode und die korrekte Bewegungsausführung der Übungen besprochen.	Plenum	Wortkarte Lernkarten
Erproben	**Technik/Koordination** Im Anschluss erproben die SuS in Partnerarbeit die korrekte Bewegungsausführung der jeweiligen Übungen sowie ihre erläuterten Schwierigkeitsgrade. Die SuS kontrollieren und korrigieren sich gegenseitig. Jeder S entscheidet im Anschluss selbst, mit welchem Schwierigkeitsgrad er die Übungen während des Workouts ausführen will.	Partnerarbeit	
Anwendung	**WOD (Workout of the day)** Die Paare nehmen Aufstellung. Ein S trainiert, der andere kontrolliert die Bewegungsausführung und feuert an. L: „Halte durch! Eine Wiederholung geht immer noch!“ Der L startet die Musik und das Workout beginnt. Der L kontrolliert und korrigiert ggf. Im Anschluss wechseln die SuS ihre Rollen. „Wie anstrengend war es? Wie findest du die Trainingsmethode? Waren die Übungen zu schwierig oder zu leicht? Wie kannst du die Übungen für dich anpassen?“	Partnerarbeit	Musik
Reflexion	Die Stunde kann im gleichen Ablauf (Erarbeitung/Erproben, Anwendung, Reflexion) in folgenden *Varianten* fortgeführt werden: • gleiche Trainingsmethode mit gleichen, aber individuell angepassten Übungen (Schwierigkeitsgrad) • gleiche Trainingsmethode mit neuen Übungen • neue Trainingsmethode mit gleichen Übungen oder neue Übungen einführen	Plenum	
Ausklang Abwärmen	**Regeneration** Die SuS nennen und demonstrieren Dehnübungen für die Muskeln, die sie zuvor trainiert haben. Die SuS führen gemeinsam diese Dehnübungen durch. Der L unterstützt und kontrolliert ggf.	Plenum Kreis	

Name: Klasse:

Kopiervorlage 1

Trainingsmethode: LADDER

So funktioniert es:
Wähle eine Übung aus. Wenn die Zeit startet, absolvierst du eine Wiederholung. Die restlichen Sekunden der angebrochenen Minute regenerierst du. Startet die nächste Minute, absolvierst du 2 Wiederholungen, danach regenerierst du. Startet die nächste Minute, absolvierst du 3 Übungen. Du trainierst in dieser Abfolge so lange, bis du nicht mehr kannst.

Trainingsziel:
- Durchhalten und Kämpfen!

Trainingsmethode: EMOTM

(every minute on the minute)

So funktioniert es:
Wähle 2 bis 3 Übungen aus. Wenn die Zeit startet, führst du die Übungen in einer vorher festgelegten Reihenfolge und mit den vorgegebenen Wiederholungszahlen aus. Im Anschluss regenerierst du die restlichen Sekunden der angebrochenen Minute. Beginnt die neue Minute, absolvierst du diese Übungen in gleicher Art und Weise. Wie viele Runden schaffst du?

Trainingsziel:
- Runden in einer vorgegebenen Zeit, z. B. 5 Minuten absolvieren
- So viele Runden wie möglich

Trainingsmethode: TABATA

So funktioniert es:
Wähle eine Übung aus. Wenn die Zeit startet, führst du die Übung 20 Sekunden lang aus, danach folgen 10 Sekunden Pause. Dieses Trainingsintervall wiederholst du, bis du insgesamt auf 8 Trainingsintervalle kommst. Somit trainierst du insgesamt 4 Minuten.

Trainingsziel:
- Durchhalten und Kämpfen!

Name: Klasse:

Kopiervorlage 2

Trainingsmethode: AMRAP

(as many rounds as possible)

So funktioniert es:

Wähle 2 bis 3 Übungen aus. Wenn die Zeit startet, führst du die Übungen in einer vorher festgelegten Reihenfolge und mit den vorgegebenen Wiederholungszahlen aus. Im Anschluss beginnst du ohne Pause mit der nächsten Runde in gleicher Abfolge. Wie viele Runden schaffst du?

Trainingsziel:

- Runden in einer vorgegebenen Zeit, z. B. 5 Minuten
- Runden bis zum Muskelversagen

Lernkarte: Dips

Beanspruchte Muskeln

- Armstrecker
- Schulter
- Brust

!

Unterarme senkrecht unter den Handgelenken

Absenken bis Oberarme parallel zum Boden

Leichter

→ Arme auf erhöhte Position

Schwieriger

→ Füße auf erhöhte Position

Cornelsen

Fotos: O. Gamm

Name: Klasse:

Kopiervorlage 3

Lernkarte: Kniebeuge

Beanspruchte Muskeln

- Oberschenkel
- Waden
- Hüftstrecker

Knie dürfen nicht über die Zehenspitzen schauen!

Leichter

→ Kniebeuge über 90 Grad Kniewinkel

Schwieriger

→ einbeinige Kniebeuge

Lernkarte: Latziehen aus dem Schräghang

Beanspruchte Muskeln

- Armbeuger
- Rücken

Schulterbreite Fassung, auf Brusthöhe zur Stange ziehen!

Leichter

→ erhöhte Position oder Rudern an der Sprossenwand

Schwieriger

→ niedrige Position oder Klimmzug

Fotos: O. Gamm

Name: Klasse:

Kopiervorlage 4

Lernkarte: Sprung auf einen Kasten

Beanspruchte Muskeln

- Oberschenkel
- Wade

!

Beidbeiniger Absprung

Beidbeinige Landung

Sichere Landung (gebeugte Kniegelenke)

Leichter

→ auf niedrigen Kasten (Stepper)

Schwieriger

→ Sprung auf mittleren Kasten

Lernkarte: Liegestütz

Beanspruchte Muskeln

- Armstrecker
- Brust
- Schulter

!

Oberkörper und Beine bilden eine Linie

Ellbogen senkrecht über den Handgelenken

Leichter

→ Arme auf erhöhte Position

Schwieriger

→ Beine auf erhöhte Position

Cornelsen

Fotos: O. Gamm

Name: Klasse:

Kopiervorlage 5

Lernkarte: Planke

Beanspruchte Muskeln

- Ganzer Körper
  → Stabilisierungsübung

!

Oberkörper und Beine bilden eine Linie

Bauchnabel einziehen

Spannung halten

Leichter

→ Arme stützen auf erhöhte Position

Schwieriger

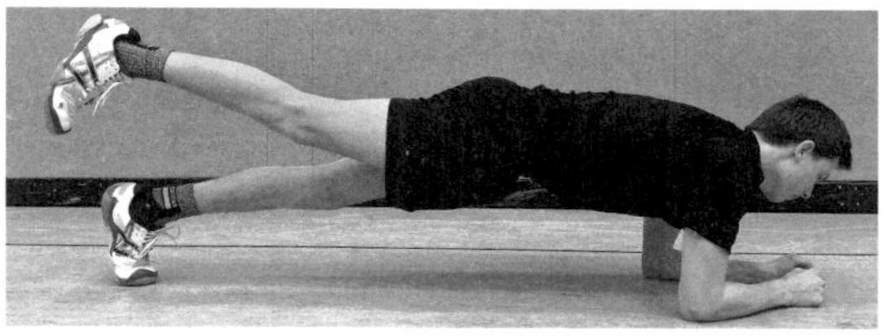

→ Füße im Wechsel anheben

STUNDE 13 Aerobic – Wir erstellen ein Gruppenfitnessprogramm!

Sportart/ Handlungsfeld	Gesund und fit, Gymnastik/Tanz
Das Besondere	Die SuS erlernen Grundschritte aus dem Aerobic und erstellen ein Gruppenfitnessprogramm zur Verbesserung ihrer aeroben Ausdauer.
Vorbereitung	Material bereitstellen
Material	Musik ca. 120–130 bpm, Wortkarten mit Schrittbezeichnungen, Laptop/Tablet, pro Gruppe 1 Blatt Papier und 1 Stift, Plakat
Sozialform	Plenum, Einzelarbeit/Klasse, Gruppenarbeit
Kompetenzbereich	• motorische Kompetenzen *(Koordination, Rhythmik)* • personale Kompetenz *(Durchhaltevermögen)* • soziale Kompetenz *(Teamfähigkeit, Selbstorganisation)*

Stundenverlauf

Phase	Unterrichtsverlauf	Sozialform	Material
Einstieg Zielangabe	L: „Wer war bereits in einem Fitnessstudio und hat einen Kurs mitgemacht? Welche Kurse kennt ihr?“ L: „Ihr erlernt heute Aerobic-Schritte und erstellt euer eigenes Gruppenfitnessprogramm.“	Plenum (Sitzkreis)	
allgemeines Erwärmen selbst-gesteuertes Lernen	Der L beginnt das Warm-Up mit Grundschritten aus dem Aerobic. Die SuS machen nach, z. B. • March • V-Step • Step-Touch • Lunge ... Die SuS führen mit eigenen Ideen fort.	Klasse (Linie über die Länge der Halle)	Musik 120–130 bpm
spezielles Erwärmen selbst-gesteuertes Lernen	Gezieltes Mobilisieren des Sprunggelenks und Dehnen der Wadenmuskulatur Schülervorschläge	Klasse (Innen-stirnkreis)	
Hauptteil Erarbeitung	**Erlernen der Aerobic-Grundschritte** Der L demonstriert Grundschritte nacheinander, die SuS machen nach, z. B. • March • V-Step • Step-Touch • Double-Step-Touch • Grapevine • Leg Curl • Tap Front • Knee-Lift (Front/Side) • Lunge (Back/Side)	Klasse (Blockauf-stellung)	Musik, Wortkarten mit Schritt-bezeichnun-gen

	Erlernen einer einfachen Choreografie Der L übt mit den SuS eine kleine Choreografie ein (Umfang und Schwierigkeitsgrad in Abhängigkeit von den Lernvoraussetzungen), z. B.: • 4 March vw und 4 March rw • Grapevine rechts und links • 4 Leg Curl vw, 4 Leg Curl rw • Knee-Lift single – single – double L: „Nimm die Arme erst dazu, wenn die Beinarbeit funktioniert!"		
selbst-gesteuertes Lernen Sicherung	Im Anschluss üben die SuS diesen Teil selbstständig in Kleingruppen. Danach wiederholen alle SuS gemeinsam das Erlernte mit einem/mehreren „Vortänzern". Der L macht an der Seite mit.	Gruppen-arbeit Klasse	
Anwendung selbst-gesteuertes Lernen und Gestalten	**Erstellen eines Gruppenfitnessprogramms in Kleingruppen** Bewegungsaufgabe: • „Überlegt euch eine eigene Choreografie mit 2–4 × 8 Zählzeiten. • 3 der heute gezeigten Schritte müssen mit enthalten sein, ebenso 2 verschiedene Raumwege. • Überlegt euch auch eine Aufstellungsform. • Schreibt eure Schrittfolgen auf. • Präsentiert euer Ergebnis der Klasse."	Gruppen-arbeit	
Differen-zierung	Die SuS gestalten 2–4 × 8 Zählzeiten. Die Ergebnisse werden präsentiert, gewürdigt und zur bestehenden Choreografie hinzugefügt, d. h. nach dem gemeinsamen Teil führt jede Gruppe ihren eigenen Teil aus.		Plakat, Papier, Stift
Ausklang Reflexion	„Wie fühlt ihr euch? Wie hoch empfandet ihr die Ausdauerbelastung auf einer Skala von 1 (niedrig) –3 (hoch)? Wie lief die gemeinsame Gestaltung? Wo gab es Probleme? Habt ihr Lösungsmöglichkeiten?"	Plenum (Sitzkreis)	
Cool-Down	Gemeinsames Dehnen der trainierten Muskulatur.		ruhige Musik
evtl. Ausblick	Möglichkeit der Integration der Aerobic-Choreografie in der nächsten Stunde in einen Fitnesszirkel.		

Name: Klasse:

Kopiervorlage 1

Plakat mit Arbeitsauftrag

Aufstellungsform

mind. 3 Grund-schritte	mind. 2 Raum-wege

Kopiervorlage 2

March

V-Step

Name: Klasse:

Kopiervorlage 3

Step-Touch

Grapevine

Leg Curl

Knee Lift

Tap Front

Lunge

STUNDE 14 Unterstützt euch gegenseitig! – Sicher und angstfrei die Oberarmrolle erlernen!

↗	9/10
7/8	✓

Sportart/ Handlungsfeld	Gerätturnen
Das Besondere	Die Schüler erarbeiten bzw. erproben in Kleingruppen eigenständig die Oberarmrolle als neues Turnelement am Barren. Dabei erhält jedes Gruppenmitglied einen speziellen Auftrag innerhalb der Gruppenarbeit, z. B. Helfer, Trainer bzw. Turner.
Vorbereitung	Motivierende Musik auswählen (z. B. Hip Hop), evtl. Geräte bereitstellen
Material	Video, Aufbauplan, 28 Turnmatten, 4 große Kästen, 4 Barren, 4–5 Hütchen, Musik, Lernkarten, Laptop/Tablet
Sozialform	Einzelarbeit, Gruppenarbeit, Plenum
Kompetenzbereich	• motorische Kompetenzen *(Springen, Stützen, Balancieren, Schwingen)* • personale Kompetenzen *(Selbstwahrnehmung, Reflexionskompetenz)* • soziale Kompetenzen *(Kooperation, Selbstorganisation)* • Lernkompetenzen *(Problemlösekompetenz, Präsentation)*

Stundenverlauf

Phase	Unterrichtsverlauf	Sozialform	Material
Einstieg selbstständiger Geräteaufbau Zielangabe	Mithilfe des Aufbauplans 1 bauen die SuS den Barrenparcours auf. L: „Heute wiederholt und verbessert ihr in Gruppen die bisher erlernten Turnelemente am Barren und erlernt 1 neues Element. Am Ende erstellt ihr eure eigene Kür und übt diese.“	Gruppenarbeit Plenum	Aufbauplan 1, 4 Barren, 20 Turnmatten, 5 Hütchen
allgemeines Erwärmen	**Lauf durch den Barrenparcours** Die SuS starten vom ersten Barren und durchlaufen in Reihe den Barrenparcours. Der erste Läufer überlegt sich eine Übung am Barren, welche die Gruppe an allen Barren durchführt. Auf der Turnmatte nach dem Barren führen die SuS eine Rolle vorwärts aus. Der Vorläufer wechselt nach einer Runde. Mögliche Übungen am Barren: • Sprung in den Stütz → „Stützeln“ auf Händen • Vierfüßlergang/Krebsgang • Kehre • 1- bis 2-mal schwingen • Sprung in den Stütz → Vorschwung → Außenquersitz → seitliches Abrutschen vom Barren 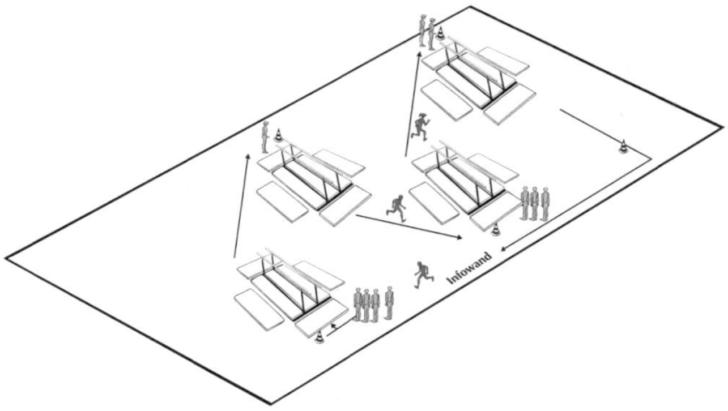 Im Hintergrund läuft Musik. Musikstopp → Treff an der Infowand	Klasse (Reihe)	4 Barren, 24 Turnmatten, Musik

spezielles Erwärmen	**Musikstopp!** Der L fragt die SuS: „Welche Muskelgruppen werden beim Barrenturnen besonders stark beansprucht?" → Schultern, Arme Die SuS nennen und demonstrieren Übungen, z. B.: • Liegestütz vorlings • Klimmzüge im Schrägstand am Barren etc.	Klasse (Kreis)	Barren
Hauptteil Wiederholung	**Wiederholung der Turnelemente in Kleingruppen** Der L pinnt eine Auswahl an Lernkarten mit bereits bekannten Turnelementen an die Wand, wie z. B.: • Sprung in den Stütz • Schwingen, Außenquersitz, Grätschsitz • Kehre Gemeinsam werden die Bewegungsmerkmale der Turnelemente besprochen und demonstriert. Zusätzlich wird der Klammergriff zum Sichern des Turners wiederholt und demonstriert.	Gruppenarbeit	Lernkarten
Anwendung	Die SuS werden in 4 Gruppen (mind. 4 SuS pro Gruppe) eingeteilt und üben die besprochenen Turnelemente. Jeder Gruppe wird ein Barren zugewiesen. Jedes Gruppenmitglied erhält eine spezielle Rolle: • 1 S = Turner • 2 SuS = Helfer (Sichern mit Klammergriff) • Alle übrigen SuS = Trainer (Kontrolle der Bewegungsausführung des Turners bzw. des Klammergriffs der Helfer und ggf. Feedback im Anschluss) Die SuS führen ihre Rollen verantwortungsbewusst aus und wechseln sich fortlaufend ab, so dass jeder S am Ende alle Rollen mehrmals ausgeführt hat. Der L kontrolliert und unterstützt ggf. Musikstopp!		4 Barren, 24 Turnmatten, Musik
Organisaton	Die Gruppen bauen die Barrenstationen mithilfe des Aufbauplans 2 um: • Barrenholme schräg einstellen • großen Kasten vor den Barren stellen • Turnmatte auf den Barren legen 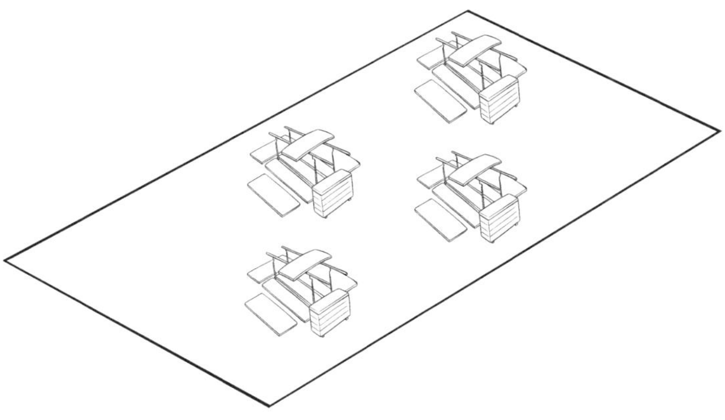		4 große Kästen, 1 Turnmatte, Aufbauplan 2

Erarbeitung	**Oberarmrolle erlernen** L: „Jetzt erlernt ihr ein neues Turnelement – die Oberarmrolle." Der L pinnt die Lernkarte „Oberarmrolle" an die Wand. Der L zeigt ggf. ein Video. Die SuS besprechen mithilfe der Lernkarte die Bewegungsmerkmale.	Klasse (Kreis)	Lernkarte, ggf. Video
	Oberarmrolle auf dem schräg gestellten Barren mit Turnmatte Ein S oder der L demonstriert. Die SuS finden sich in den Gruppen an ihren Barren zusammen und erproben mit oben genannten Rollenverteilungen die Oberarmrolle unter erleichterten Bedingungen. Hinweis für den Turner: → Kopf vor der Turnmatte 	Gruppenarbeit	4 Barren, 28 Turnmatten, 4 große Kästen, Musik
	Oberarmrolle auf dem schräg gestellten Barren ohne Turnmatte Die SuS erproben mit oben genannten Rollenverteilungen die Oberarmrolle auf dem schräg gestellten Barren. Gleiche Übung wie oben, nur ohne Turnmatte. Musikstopp! Die Gruppen stellen den Barren in die waagerechte Position. **Oberarmrolle auf dem waagerechten Barren vom Kasten** Die SuS erproben mit oben genannten Rollenverteilungen die Oberarmrolle auf dem waagerechten Barren vom Kasten. **Oberarmrolle auf dem waagerechten Barren aus dem Grätschsitz** Die SuS erproben mit oben genannten Rollenverteilungen die Oberarmrolle aus dem Grätschsitz.		Lernkarte
Differenzierung	*Variation für die Leistungsstarken:* • 1- bis 2-mal schwingen → Grätschsitz → Oberarmrolle • 1- bis 2-mal schwingen → Grätschsitz → Oberarmrolle → 1- bis 2-mal Schwingen → Kehre/Wende		

Ausklang Anwendung	**Musikstopp!** L: „An der Infowand stehen alle Turnelemente sortiert nach Farben: Aufgänge (grün), Turnelemente (gelb) und Abgänge (rot). Stellt eure eigene Kür zusammen. Die Kür muss enthalten: • Aufgang, • mind. 1-mal schwingen, • 2 weitere Turnelemente eurer Wahl, • Abgang.“	Klasse (Kreis)	
	Die SuS gehen in ihren Gruppen zusammen und erstellen bzw. üben mit den unterschiedlichen Rollenverteilungen ihre Kür. Im Anschluss zeigt jeder S seine bisher erstellte Kür. Der L und die SuS beobachten und geben nachfolgend konstruktives Feedback.	Gruppenarbeit	
Organisation	Die Aufbauteams bauen die von ihnen aufgebaute Station ab.		

Name: Klasse:

Kopiervorlage 1

Sprung aus dem Stand in den Stütz

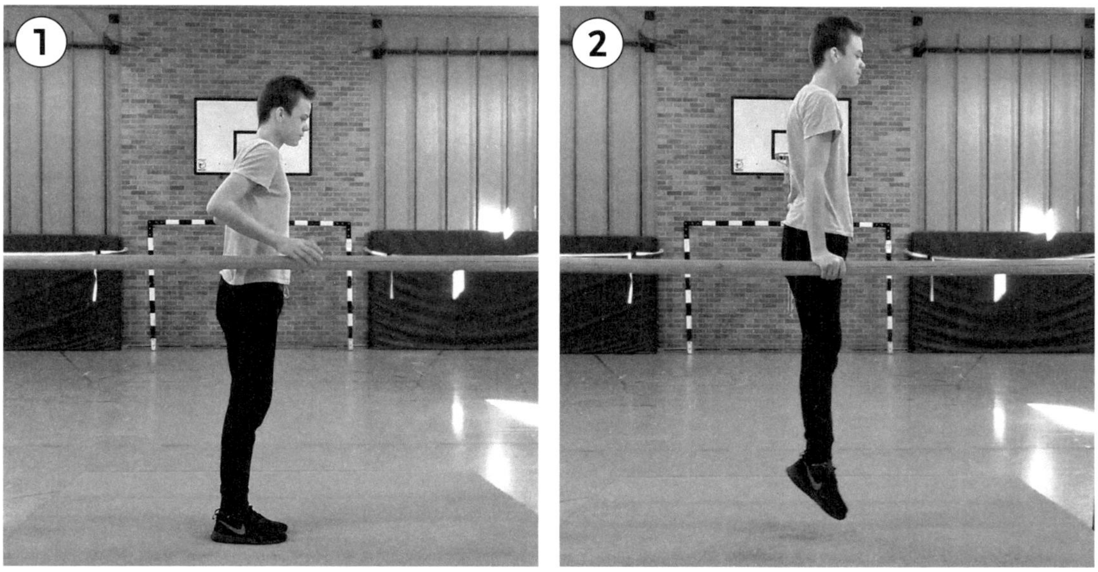

Fotos: D. Englisch

Name: Klasse:

Kopiervorlage 2

Übungsreihe zur Oberarmrolle am Barren

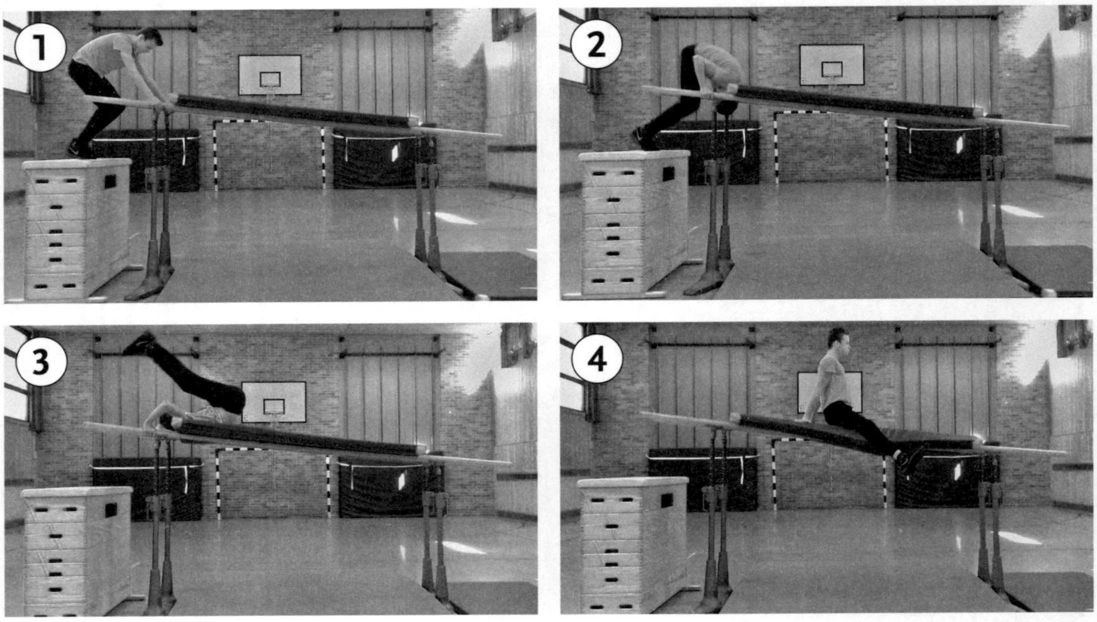

Das Schwingen im Stütz

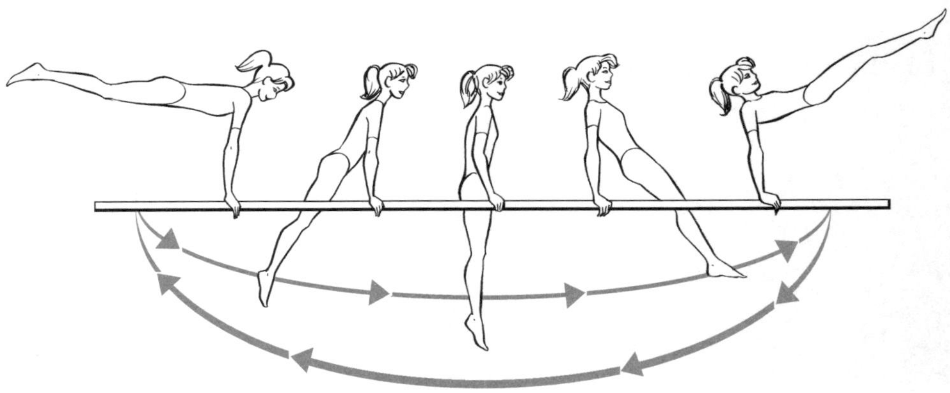

- Gestreckte Arme
- Gestreckter Körper
- Beine geschlossen

Cornelsen
Fotos: D. Englisch
Illustration: Steffen Jähde

Name: Klasse:

Kopiervorlage 3

Der Außenquersitz

1. Rückschwung

2. Vorschwung mit hohen Beinen

3. Oberkörper aufrecht, hinteres Bein gestreckt, vorderes Bein angewinkelt

4. Einschwingen

Der Grätschsitz

1. Rückschwung

2. Vorschwung mit hohen Beinen

3. Beine grätschen während des Vorschwungs

4. Gestreckte Beine, aufrechter Oberkörper

Name: Klasse:

Kopiervorlage 4

Die Oberarmrolle

1. Startposition im Grätschsitz (Beine gestreckt!)

2. Schultern auf die Holme, Ellenbogen nach außen

3. Über die Schultern rollen, Hände greifen um

4. Endposition im Grätschsitz (Beine gestreckt!)

Die Kehre

1. Rückschwung

2. Hoher Vorschwung

3. Seitliches Verlassen der Barrengasse

4. Sicherer Stand, Hand am Holm

Fotos: D. Englisch

Name: Klasse:

Kopiervorlage 5

Aufbauplan 1

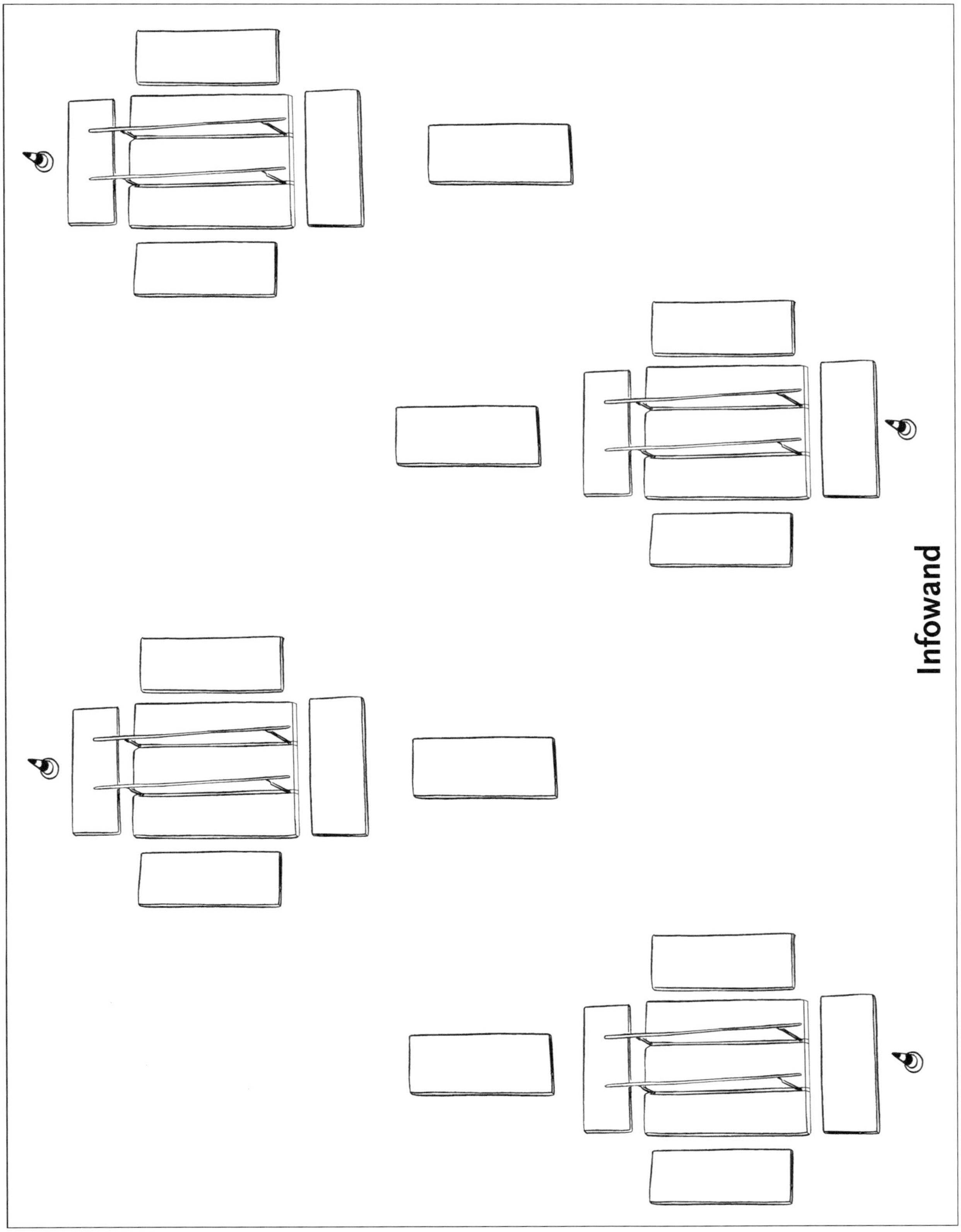

Name: Klasse:

Kopiervorlage 6

Aufbauplan 2

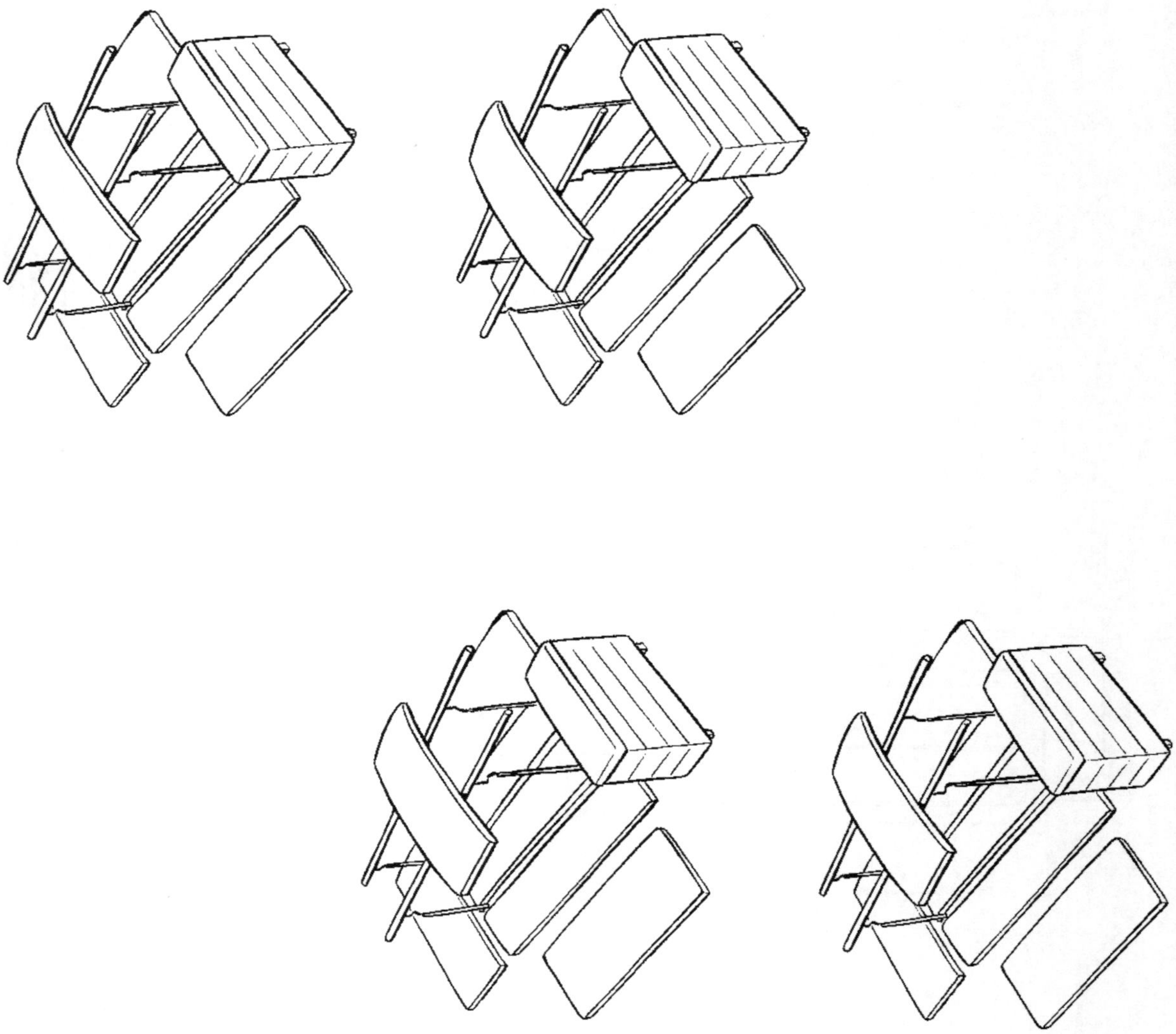

Illustration: Steffen Jähde

STUNDE 15 Choreografisches Turnen – Wir gestalten eine Gruppenkür an Kasten und Boden!

Sportart/ Handlungsfeld	Gerätturnen
Das Besondere	Die SuS wenden ihre turnerischen, akrobatischen und gymnastischen Fähigkeiten an und erstellen eine Gruppenkür an Kasten und Boden. Die offene Aufgabenstellung gewährleistet einen hohen Grad an Differenzierung und ermöglicht allen SuS, sich mit ihren unterschiedlichen Lernvoraussetzungen und Fähigkeiten einzubringen.
Vorbereitung	Motivierende Musik auswählen, Material bereitstellen. Diese Stunde bildet das Ende einer Turnsequenz. Turnerische Elemente an Kasten und Boden sollten bereits erarbeitet worden sein.
Material	Laptop/Tablet, Aufbauplan, 4 Kästen, 4 Sprungbretter, 4 Niedersprungmatten, 16 Turnmatten, 4 Hütchen, je 1 Blatt Papier und 1 Stift für jede Gruppe, Plakat, Musik
Sozialform	Plenum, Klasse, Partnerarbeit, Gruppenarbeit
Kompetenzbereich	• motorische Kompetenzen *(Springen, Rollen, Stützen, Balancieren)* • personale Kompetenz *(Selbstwahrnehmung, Reflexionskompetenz)* • soziale Kompetenz *(Kommunikation, Teamfähigkeit, Selbstorganisation)* • Lernkompetenz *(Problemlösekompetenz, Präsentation)*

Stundenverlauf

Phase	Unterrichtsverlauf	Sozialform	Material
Einstieg selbstständiger Geräteaufbau Motivation Zielangabe	Die SuS bilden 4 Gruppen und bauen mithilfe des Aufbauplans die Stationen (ohne Sprungbretter) auf. L zeigt ein Video von einer Gruppenkür (Youtube o. Ä.) L: „Ihr erstellt heute eure eigene Gruppenkür an Kasten und am Boden.“	Gruppenarbeit Plenum (Sitzkreis)	Laptop/ Tablet, Aufbauplan, 4 Kästen, 4 Sprungbretter, 4 Niedersprungmatten, 16 Turnmatten, 4 Hütchen
allgemeines Erwärmen selbstgesteuertes Lernen	**Lauf durch den Geräteparcours** Die Gruppen durchlaufen in Reihe ihre aufgebaute Station. Der erste Läufer jeder Gruppe überlegt sich Übungen, welche die Gruppe durchführt. Nach jeder Runde wechselt der Vorläufer. Mögliche Übungen am Kasten: • Überqueren • Aufknien • In Bauchlage der Länge nach über den Kasten ziehen etc. Mögliche Übungen auf der Mattenbahn: • Lauf-Abc Im Hintergrund läuft Musik. Bei Musikstopp setzen sich die SuS hinter das Hütchen.	Gruppenarbeit (Reihe)	Musik

spezielles Erwärmen selbst-gesteuertes Lernen	Der L fragt die SuS: „Welche Gelenke und Muskeln werden beim Turnen an Kasten und Boden besonders stark beansprucht?“ → Handgelenke, Nacken, Schultern, Arme Die SuS nennen und demonstrieren Übungen.	Klasse (Innenstirnkreis)	
Hauptteil Wiederholen und Üben	**Wiederholung bekannter Turnelemente** L: „Welche turnerischen Elemente an Kasten und Boden kennt ihr?“ Die SuS demonstrieren abwechselnd bereits erlernte turnerische Elemente. Der L achtet darauf, dass sich die Übungen vom Einfachen zum Schwierigen steigern, z. B. am Kasten: Aufknien → Aufhocken (mit anschließendem Strecksprung) → Hockwende → Hocke (mit anschließender Rolle vw)	Klasse (Reihe)	
Anwendung/ Sicherung	**Synchronturnen** Die nebeneinanderstehenden SuS turnen die oben geturnten Elemente synchron, im ersten Durchlauf jeweils zu zweit (Stationen 1 und 2 bzw. 3 und 4), im zweiten Durchlauf zu viert (Stationen 1–4).	Partner- bzw. Gruppenarbeit	
Anwendung selbst-gesteuertes Lernen und Gestalten Differenzierung Sicherung	**Erstellen einer Gruppenkür** Bewegungsaufgabe: • „Überlegt euch eine Choreografie an Kasten und Boden mit einem Anfang und einem Schluss. • Die Bewegungsformen Stützen, Springen, Rollen und Balancieren müssen mit enthalten sein, ebenso akrobatische und gymnastische Elemente. • Achtet darauf, alle Gruppenmitglieder in die Kür einzubinden. • Schreibt den Ablauf eurer Choreografie auf. • Nutzt bei schwierigen Elementen Hilfe- bzw. Sicherheitsstellung! • Präsentiert euer Ergebnis anschließend der Klasse. • Die Anordnung der Geräte darf verändert werden. • Der Kasten kann auch längs gestellt bzw. kann ein zweiter Kasten (falls vorhanden) hinzugenommen werden.“ Die SuS gestalten ihre Gruppenkür. Die Ergebnisse werden nacheinander präsentiert und gewürdigt.	Gruppenarbeit	Plakat Papier, Stift
Ausklang Reflexion Geräteabbau	L: „Wie lief die gemeinsame Gestaltung? Wo gab es Probleme? Welche Lösungsmöglichkeiten gibt es?“ Die Gruppen bauen ihre Station ab.	Plenum (Sitzkreis) Gruppenarbeit	

Name: Klasse:

Kopiervorlage 1

Aufbauplan

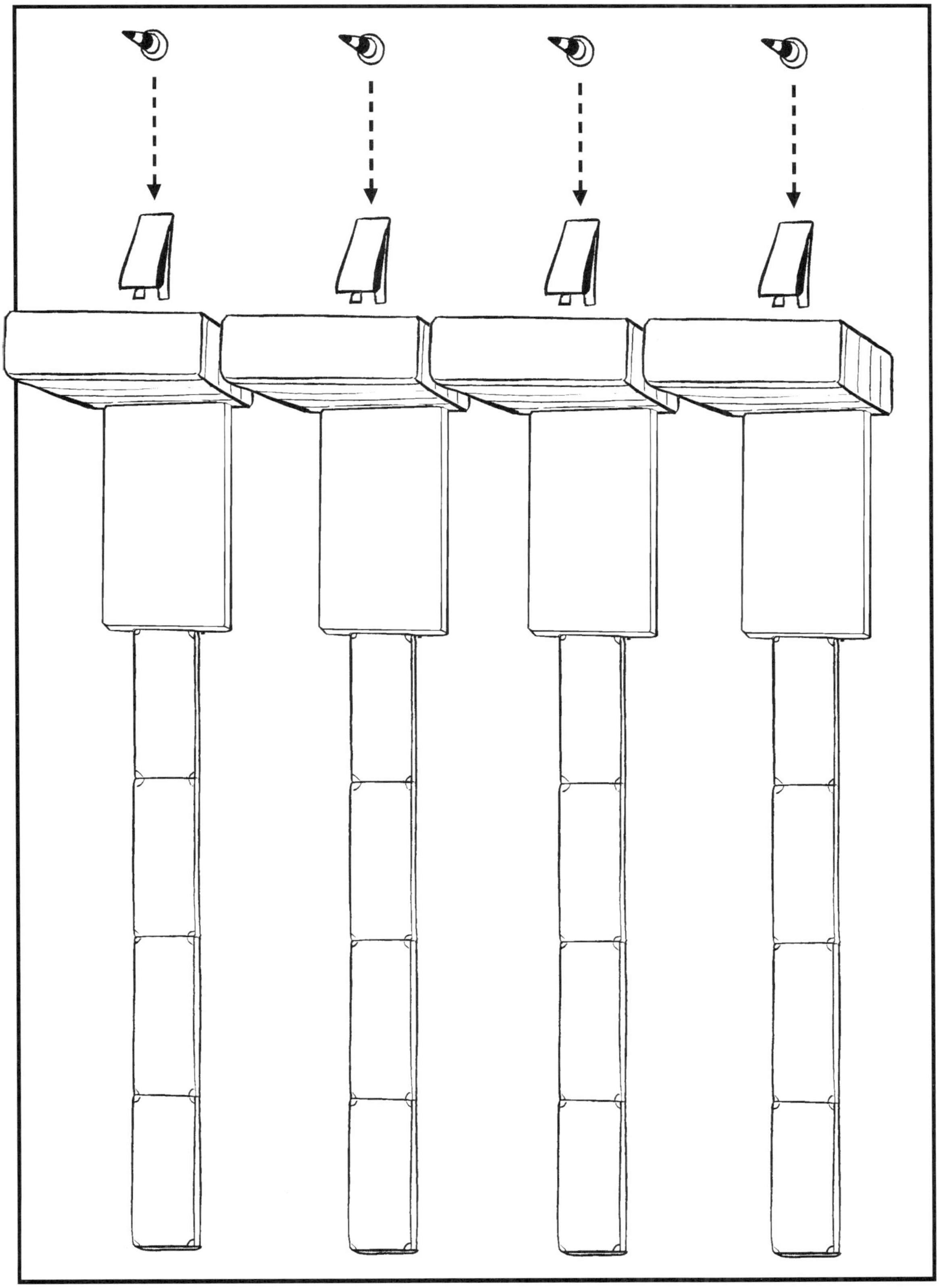

Illustration: Steffen Jähde

Name: Klasse:

Kopiervorlage 2

Plakat mit Arbeitsauftrag

Anfang

Rollen
Springen
Stützen
Balancieren

akrobatische Elemente

gymnastische Elemente

Schluss

Hinweise:

- Die Anordnung der Geräte darf verändert werden.
- Der Kasten kann auch längs gestellt bzw. ein zweiter Kasten (falls vorhanden) hinzugenommen werden.
- Achtet in jedem Fall auf eine ausreichende Absicherung mit Matten!
- Nutzt bei schwierigen Elementen Hilfe- und/oder Sicherheitsstellung.
- Achtet darauf, dass alle Gruppenmitglieder mit eingebunden werden.